ちくま学芸文庫

モンテーニュからモンテーニュへ

レヴィ=ストロース未発表講演録

クロード・レヴィ=ストロース
真島一郎 監訳
昼間 賢 訳

筑摩書房

目次

モンテーニュからモンテーニュへ　レヴィ＝ストロース未発表講演録

序文

伝播主義期のレヴィ=ストロース

半世紀以上の時をへだててなされた本書所収のふたつの講演は、たがいに響きあっている。両者はそれぞれ、じつに長きにわたるひとつの時代、フランスで最も高名な人類学者が公に発言した時代を境界づける講演である。[☆1] なぜなら第一の講演は一九三七年一月、第二の講演は一九九二年四月になされたとみられるからである。このうち一九九二年は、レヴィ=ストロースにとり、特別な繋がりが感じられる年になったことを念のため記しておこう。それは、アメリカ発見五百周年とモンテーニュ没後四百年を二重に記念する年、レヴィ=ストロースがことのほか想いを寄せるひとつの大陸と、ひとりの書き手を結びつける年であった。

ところで、私もたまたまこの年、「レヴィ＝ストロースの一道程：ルソーからモンテーニュへ」と題する論考を『クリティーク』誌上に発表している。[☆2] これは私にとり、前年秋に刊行された『大山猫の物語』[☆3]の読解をつうじて得られた、一篇の論評であった。そのなかで私が示したレヴィ＝ストロースの道程とは、ルソーが交換をふまえて擁護する平和論《イレニスム》をふりだしに、最後は人間の本性についてルソーよりずっと冷めた見解、すなわちモンテーニュを代表格とする、抜きがたいメランコリーにもひとしい見解へと到る道のりだった。当時の私は、レヴィ＝ストロース流の人類学的思考における起源を『親族の基本構造』に見定めていた。私はそうすることで、ある月並みな解釈、レヴィ＝ストロース自身もつねづね受け入れてきた解釈を、今また示したことになる。だがそれは誤りだった。一九三七年講演の存在が、たしかに当時は知られておらず、フランス国立図書館の書庫で講演録が発見されたのもつい最近のことであるとはいえ、この講演は、人類学におけるレヴィ＝ストロースの初期の歩みにかんする理解を大幅に見直すよう命じているからである。一見して読み手を大いに狼狽させるこの講演録のおかげで、彼の思想が経てきた予期せぬ一時代が浮かびあがった。当時の彼は、正統伝播主義を標榜していたのである。ならば、伝播主義が文化相対主義の一変種——正しくは、後述するようにその母胎——であるかぎりにおいて、今後はレヴィ＝ストロースのたどった道程を、モンテーニュに発してモンテーニュに到るものとして語るほうが適切なように思われるのだ。とはいえ、彼の仕事にとってルソー的段階が最も重要であることの認識に、むろん変更は生じない。これからふれるように、その萌芽は一九三七年講演にもひとしく内包されていたのだから。

一九三五年に妻[☆4]をともないブラジルへ渡ったのは、レヴィ＝ストロースが社会学講師として当地に招聘されたためである。彼はまだ、人類学者でも民族学者でもない。パリでは若干の民族学者とすでに出遭い、異郷をめぐる民族誌もいくらか繙いていたにせよ、そのことにかわりはない。ただ驚くべきことに、人との出遭いはともかく、当時の彼の読書には、たとえば一六世紀の先達ジャン・ド・レリーや、ブラジル渡航七年後に彼のニューヨーク行きを支援することになる同時代人ロバート・ローウィの著作など、アメリカ研究にたいする明確な志向がすでに表れていることは確認できる。[☆5]しかし、レヴィ＝ストロースが人類学（これを民族学、民族誌学と呼んでもいいが、一九三七年の講演で彼みずからが言うとおり、私もひとまずこの三語をほぼ同義とみなす）を真剣に自己のものとするのは、じっさいには現地調査行に先立つ興奮のさなかにあったサンパウロでのこと、しかも独学によってである。[☆6] たしかに当時のフランスは、マルセル・モースやマルセル・グラネのような傑出した孤高の知性がわずかにいる以外、他国にくらべ、当該分野で得られるものが大学にほとんどなかった。ポール・ヴィダル・ド・ラ・ブラーシュ流の人文地理学が当時は絶大な威信を誇り、世界の包括的認識にかんする議論の場を独占していたせいで、人類学の発展は妨げられていた。その一方、アメリカ、イギリス、ドイツの人類学は高まりをみせつつあったから、サンパウロ大学の図書館に相次いで届く『アメリカン・アンソロポロジスト』、『英国王立人類学協会誌』、『アントロポス』などの学術誌が、この学問にかんする重要な主題系や方法論的基礎について、母国を離れた若き講師に日進月歩で情報をさずけ、決定的な役割を演じていたことは明らかである。さて、一九二〇年代から三〇年代にかけては、ある大きな論争が人類学を揺るがしていたので、新参の人類学徒もそこから距離を置くことはできなかっただろう。当時は、文化の多様性をめぐるふたつの見解が、ときに激しさを帯びつつ対立し、双方の仲裁役を機能主義が買って出るような時代だった。

当代最良の知識人らが寄稿して一九二七年にニューヨークで発行された小冊子を見ると、この論争についてじつに示唆的なイメージを得ることができる。[☆7] ふたつの陣営が、どちらも伝播の観念に依拠しながら、伝播に同じ役割を与えようとはまったくしていなかったことがわかるのだ。

第一の見解には、進化主義の極端な一面が表れる。この見解によれば、ある人間集団に何らかの進歩、たとえば土器の採用が生じる場合、それは必然的に集団の外部から伝来した結果である。人類の革新には、ただひとつの祖地しかなく、それは広義の理解でいう古代エジプトと西洋《オクシダン》であり、人間集団のあらゆる進歩は、速度も成功の程度もさまざまであれ、いずれその祖地から世界中に伝播したというのである。この見解はそう捉えることで、特定の住民が遅れた性格をもつことも説明する。たいする第二の見解では、共発明の原理が主張される。いいかえれば、「文明的」な土地は世界に複数存在し、そのいずれもが創造力の中心である。なんらかの革新にかぎらず、文化特徴全般もまた、それぞれの中心から地域一帯へ、つまり大陸全域の規模で伝播していくというのである。ちなみにここで一点、明確にしておくべきことがある。論争が頂点に達した時点で、第一の見解は、実質的には何もかもが伝播の定めにあるとみなすかぎりで、対立者から「伝播主義者」と称されかねなかった。[☆8]しかし、第一の見解が進化主義に完全に従属している以上、むしろ伝播主義という用語は、伝播が真の理論的対象となる対立陣営の見解を指す用語として、最終的には取り置かれることになった。じっさい、第二の見解がここでめざすのは、民族誌で観察された——あるいは考古学で究明された——文化特徴のうち、内発的に生ずるものと、派生であれ借用であれ外部に起源をもつものとを、アプリオリに想定することではない。伝播とは、創造力の欠如をしめす不名誉な烙印ではなく、それ自体がひとつの指標となるからだ。このとき伝播は、進歩やら起源地の特定やらの強迫観念を解かれたうえで、むしろ文化を構成する諸要素の分布、とくにその拡がりと限界を同時に標定するために空間を探索するような省察をうながしていく。このように理解された伝播主義からは、いくつかの帰結が生ずる。伝播主義の手法は、文化特徴の一種のインデックス化をうながす。いいかえれば、それは民族誌データをいくども折り重ねていく手法であるから、そのおかげで下部構造と上部構造の分離に攪乱がもたらされる。さらにそれは、「革新」の発祥地の複数性を公平な視点で推測するだけでなく、別々の社会にみられる「進歩」の形態についても、両者の接触はなかったことが確認できるかぎりで、それを等価な進歩とみなすことには疑問を呈するまでとなる。スピンデンが当時から指摘していたことだが、[☆9]農耕は、たとえば中東ではコムギ、極東ではコメ、中米ではトウモロコシ、低地アメリカではキャッサバが基幹作物であるように、世界各地でかならずしも同一の位置づけにあったわけでもなければ、人類に同一の影響を及ぼしたわけでもない。その点で伝播主義は、諸現象をあらゆる複雑さにおいて説明できるばかりか……史的唯物論の基盤を掘り崩せるほどの思潮でもあったことになるのだ。

一九三七年一月、社会主義と平和主義を奉ずるフランス労働総同盟の幹部らをまえにレヴィ＝ストロースが行った講演を、以上の脈絡に置きなおしてみる必要がある。この講演は、彼が三六年から三七年にかけての冬をパリで短期間すごしたさいになされた。それはちょうど、『悲しき熱帯』で綴られる二度の民族誌調査、すなわちカデュヴェオやボロロに出遭う長旅と、ナンビクワラが特権的な仲介役を演じたプリミティヴィスムの幻視行とのあいだに割り入る時期である。[☆10]民族誌学の「革命的」性格に当てられた長い導入部分については少し後でふれるとして、さしあたりいまは、この講演の核心が、進化主義流のあらゆる論証にたいする正面切った攻撃に帰着するものであり、それはまさに、私がこれまで伝播主義の用語で説明してきた見解に軍配を上げる内容であったことを確認しておこう。

まずレヴィ＝ストロースは、異郷の伝統的な住民を指すために使われる「未開《プリミティフ》」という言葉に釈義をほどこす。彼らが未開だというのは、私たちより人類の起源に近いからでも、ましてや遅れているからでもない。それはひとえに、自己の本性を見えにくくする発展を彼らがいまだ経験していないためである。そしてそうであるからこそ、彼らには固有の価値がある。レヴィ＝ストロースが、その後も『神話論理』の執筆にいたるまで、じつに長きにわたりこうした考え方に忠実であったことは知られるとおりである。ところが、いずれにせよ未開社会では、私たち自身の社会の過去を特徴づけてきた発展と併行《パラレル》する発展、つまりまったく異質な発展が生じた可能性があると彼が言明するとき、いまや伝播主義に特有のかすかな諧調が届けられるのだ。彼は、おもにつぎの点を理由にあげて進化主義理論を批判しながら、この考えを敷衍する。すなわち、進化主義理論では、進んだ民族と遅れた民族が截然と区別されるうえ、彼にはそれよりはるかに危険に思えた点として（彼のプリミティヴィスム志向に照らせば、納得がいく危惧であるが）、この種の理論では人類進化が単系的であることが前提とされ、いかなる文化も、先行する諸文化と必ず同じ諸段階をたどっていくことが含意されている。これにたいしてレヴィ＝ストロースは、自説の裏付けとなる諸事例（そこには形質人類学から取り入れた事例も含まれていたが、彼はその例示をのちに撤回している）を通じて、さまざまな技術分野を、技術それ自体として、あるいは社会学と直結させて、つぎつぎに論述へと呼びこみながら、こうした進化主義的な捉え方がいかに無意味であるかを示すのだ。打製石器時代から磨製石器時代へ、次いで青銅器時代、鉄器時代へと人間社会を移行させていく年代論は、石器から鉄器に直接移行したアフリカには当てはまらない。大型哺乳類の狩猟は、通常よりも拡大した協同作業を前提とするから、その行為が社会に及ぼす影響は、小動物に限定した狩猟と同じではありえない。農耕についてもしかり。家族と暮らす小屋のまわりに食用植物を何種か植えるだけの農耕もあれば、たとえば牧畜（レヴィ＝ストロースはここに灌漑の事例を追加してもよかっただろう）と連動するような、それよりはるかに複雑な農耕体系も存在するからである。ようするに、狩猟や農耕には多様な実践があり、それとほとんど同じだけのさまざまな文化が存在する以上、それらを本質的に同一とみなすこと、とりわけ狩猟や農耕の実践と相関関係にある社会学的事象も含めて同一とみなすことには、なんの意味もない。ある形態がまちがいなく他の形態に先行するという断定が可能だと信じこむにいたっては、見当違いもさらに甚だしいことになる。

レヴィ゠ストロースは、いまや完全に相対主義へ向けて、話の重心を移していく。

まず時間の次元で彼が強調するのは、人類が長期にわたり停滞の局面を経験し、それから加速の時が突如おとずれ、停滞が断ち切られたことの可能性である。彼はその論拠として、かたやきわめて長期におよぶ人類の歴史と、かたや一個人の生、それも高齢を迎えてから最重要の学習すべてに取りかかるような個人のライフサイクルとを引き比べてみせる。こうした対比による説明はいささか軽率に思えるが、彼が聴衆をまえに、進化主義の明証性なるものをさらに攪乱しようとしていたことは理解できる。

通時態についてはそのあたりでとどめ、彼はつづけて空間の視点をとりあげる。自然と文化の違い、生物学的法則と普遍的な歴史法則の違いをめぐる問いが、ここでひそかに持ち込まれる。彼いわく、仮に人類が他の生物種と同じように進化したとすれば(「もし人類に、何らかの自然な運動にしたがって内発的に進化する傾向があるならば」《本書六五頁》)、ある地域の革新から生じる文化特徴の分布は、数学的モデルにしたがって予測可能な、諸要素の調和のとれた並列のように、完璧に規則的となるはずだろう。しかし現実はまったくそうならず、調査から知られる人類の諸現象の分布図は、不規則であることが分かっている。異なる技術の体系、宗教、家族の組織形態を区分する境界は、一見してはなはだ予測不能な姿をとるからである。レヴィ＝ストロースはその勢いで、つぎに宗教、生活と労働の様式、行動、家族組織の様態、制度などにそなわる弁別特性のローカルな積み重なりとして文化を定義することを提案する。文化を構成するすべての要素を均等にとりまとめるこの方法は、当時フランツ・ボアズがしめした文化定義に呼応している（ただしそこには言語への言及がない！）。知られるように、レヴィ＝ストロースはその後、とくに『親族の基本構造』以後は、まったくこのように考えなくなり、婚姻規制こそが、人類学的分析すなわち所与の社会の解釈を手がけるうえでのアルファにしてオメガとなっていくだろう。

講演はさらに続く。もはや進化主義に異を唱えていればよい時代ではなく、かわりに今日の人類学において最も厳密かつ最も現代的な学派が主張する諸原則を、できるだけ明確に示すことが問われているのだと彼はいう。ここでいう学派とは、最も正統の解釈を示す伝播主義にほかならない。それがいかに斬新な性格を帯びてフランスの学界に導入されたか——斬新であるがゆえにいっそう魅力的に映ったはずだ——を証しだてるように、伝播主義に関するフランス語の語彙は、いまも不確定のままである。

当時のドイツ人が「文化圏 Kulturkreise」と名付け、アメリカ人が「文化領域 Cultural areas」と名付けたものに、レヴィ＝ストロースは「文化地域 terrains culturels」の表現を当てる。[☆11]これらの用語は、文化特徴が発現した地域を意味しており、文化特徴はそこから空間をたどってしだいに拡散・消滅していくものとされる。こうしたパラダイムの有効性を最も明確なしかたで告げるように思われた考古学者の研究を、レヴィ＝ストロースは詳しく紹介する。そのあらましは、私が説明するまでもないので、明晰な原文のまま、彼自身の言葉を聴くことにしよう。「合衆国南部の五色陶器の中央域で発掘がなされ［…］五つの異なる地層が積み重なった状態で見つかったのです。このうち最下層から出土したのは一色陶器で、中央域から最も離れた区域でも、ぴったり同じ型式の陶器が見つかりました。さらにそれ以外の層からは、それぞれ他の彩色陶器が出土しました。はたして仮説は実証されたことになります。中央域にとどまる五色陶器は、それ以外の区域に拡散するだけの時間がなかった点からみて、最も新しい年代の型式といえるのにたいし、それ以外の型式は年代が古いものほど、発祥地である中央域から離れた場所で発見されたということです」《本書七〇―七一頁》。

学術的な優越性がこのようにめざましかったことに加え、正統伝播主義には、時間的な次元を空間的な次元に、あるいはその逆にも変換できる利点があり、かつ変換に際してデータの価値は損なわれないのにたいし、進化主義に属するなどの研究者の学説も、そこまでの論証をなしえなかった。とはいえ、今日の私たちからすれば、レヴィ＝ストロースが選んだ事例さえ逆用しながら、当の伝播主義を批判せざるをえなくなるだろう。たとえば、（アルフレッド・ジェルによる現代の語彙を援用すれば）何らかの志向性[☆12]の結果として、特定の装飾型式だけがなぜ他の社会に導入されたり採用されたりするほど人びとを魅了するのか、あるいは特定の工房に属する職人だけがなぜ作品を複雑化しつづけるのか、そうした問いを、伝播主義モデルは説明しえない。いったいなぜ、ある人びとは、外部から来るものを素直に受け入れるのにたいし、べつの人びとは、新たな形態をみずから創造することにこだわる性癖をもつのだろうか。

進化主義に優越する伝播主義の正統といえども、レヴィ＝ストロース自身が講演の少し前の箇所で指摘していたとおり、諸現象の空間分布における不規則性を説明しえない。ところが、この不規則性こそが、民族誌学的資料において体系を構成するもの、体系だけでなく価値をもひとしく構成するもの、そしていかなる文化にも内向きには密度を、外向きには分節＝節合をうみだすものの徴候に、間違いなく関与している。ようするに、『構造人類学』や『今日のトーテミスム』、『野生の思考』、『神話論理』の著者にとり、結論は持ち越されたのである。この点で味わい深いのは、『神話論理』四部作のうち第三巻のある章全体を通じて[☆13]、駆け出しのころの自分が示した理論的愛着にたいする、真の後悔がみられることである。レヴィ＝ストロースは、アメリカの神話分析をめぐるトンプソンの方法[☆14]、すなわち、ひとつの文化特徴が単一の起源を持ちうること、そして複数の同心円を描いたうえで、起点からの隔たりに応じてしだいに消失へと向かう序列をその図に設定すれば、当の文化特徴の拡大ぶりを空間上でたどりうるという、三〇年前の自分が陶器の事例によって支持していたのと同型の論証を、この章で執拗に揶揄するのだ。しかし最終的には、『神話論理』という大建造物の全体が、古典的な伝播主義のモデルを論理変換のモデルへと差し替えていく。この新たなモデルにおいては、最低限、空間のうちに参照点がふたつ、そして意味論的次元で両者をつなぐ逆転の関係がひとつあればそれでよい。ただしこのモデルは、古典的な伝播主義がなおも論証できるとむなしく主張していた通時的な側面には、手をつけない結果となった[☆15]。

さしあたり今は、彼の講演がどのように閉じられるかをみておこう。シュペングラーが語るような文明の没落をテーマにとりあげて、講演者はこのあとメソアメリカがたどった運命に言及する。これは先にふれた「文化地域」の一例、それも人類史上最も輝かしい事例のひとつといえるだろう。だが、当地は高度な洗練をとげていたというのに、スペインから到来したひと握りの兵士の手で、またたく間になぎ倒されてしまった。これほどの脆さをはたしてどう説明すればよいのか。ひとことでいって、その原因は孤立にある。人間集団間の一定程度の接触は、各集団が存続するための担保でもあるというのだ。事例説明の末尾で、彼はさらに一歩踏みこんで、『人種と歴史』での発言を予感させるような指摘を書き添える。すなわち、孤立からは停滞が引き起こされるのにたいし、交換をつうじて流動性と活力が生じた場所では創造的精神が触発されるとともに、社会生活がすでに形成してきた文化的布置の内部で、当の社会生活がいっそう刺戟されていく。その点に照らせば、民族間、文化間の接触こそが、やはり一定の進歩をうながしていくのだと。一九三七年一月時点で、レヴィ゠ストロースはいまだナンビクワラと出遭ってもいなければ、彼らと暮らしてもいないだけに、これは驚くべき結論といえる。というのも、彼はむしろナンビクワラに出遭ったからこそ、交換の経験が戦争にたいする最良の処方となり、交易の経験が非社会性にたいする最も確かな対症療法になることを知ったはずなのだから。[☆16] それはさておき、後年の彼がこの主張に加えたわずかな修正点をここで確認しておくことは重要である。すなわち、ふたつの文化間でなされる知的な交換や接触は、女性の交換に代表されるような社会秩序の基盤をなす交換と、まったく同じ事態を意味しているわけではないという点である。ただ、この講演でもその方向性は示されている。ようするに、ナンビクワラの教えは彼にとり、啓示というよりひとつの深化であったのだ。伝播主義期のレヴィ＝ストロースは、すでに進むべき道をかためている。伝播主義の時代は、彼にとり無駄だったわけではなく、再度生きなおすに値する時だったのである。

レヴィ＝ストロースにおけるふたつの他者性

フランス労働総同盟の同志をまえにこのとき行われた講演の演題は、「ある革命的な学：民族誌学」である。レヴィ＝ストロースは、社会党で長らく活動したのち、今や、エキゾチックで未開で惨めで見捨てられた諸民族、歴史の周縁と地理上の辺境におかれたその彼らの生に関心をいだいている。ただし彼は、自己の新たな関心をたえず正当化する必要を感じていたかのようである。そうした研究は、どの点で妥当性をもつのか。とくにどの点で革命に寄与するのか。他者認識（まだこうした語で語られてはいないが）は、自社会への批判と相伴うものである。エグゾティスムがかつてそうした批判性を帯びていた重要な時期をひもとくなら、たとえば一六世紀と南アメリカ——ここで早くもモンテーニュの影が現れる——があり、啓蒙主義期と北アメリカの良き野蛮人——ラオンタンやヴォルテール『カンディード』の遠い記憶——があり、そして今日の私たちにはいっそう厄介に思える参照点として、一九一七年革命とそれがソヴィエト連邦の広大な領土一帯に巻き起こした民族誌学的研究への衝動があげられる。そのうえでレヴィ゠ストロースは、現代の民族誌家がかかえる逆説を際立たせていく。えてして民族誌家は、自社会では進歩主義者の顔をするくせに、フィールドでは保守主義者の顔をみせるものなのだと。フィールドで何より民族誌家の気を惹くのは、伝統や慣習、古いしきたりであるからだ。彼いわく、民族誌家が心の内で願うのはただひとつ、研究対象の社会が「文明」に傷つけられていないこと、あるいはせめて「文明」との接触が可能なかぎり最小限にとどまっていることである。この言説の足もとには、レヴィ゠ストロースに終生つきまとい、彼の後続世代にあたる民族学者にもつきまとうことになる主題系、すなわち西洋との接触が現地社会の進歩とどれほど照応しうるかという問いが露呈している。まず、物質面からみた両者の照応とは、人間の労働を著しく楽にする鉄製品の導入のような現象であるが、それだけでなく、食人慣習の消失のような精神面での照応現象も、ときには認められるだろう。ただし、この主題系には、以上とは逆の側面、つまり西洋との同じ接触が、伝統文化の破壊とどれほど照応しうるかという問いも含まれる。その点、レヴィ＝ストロースは、このうち第二の照応可能性を訴える方向にはっきり傾いて、民族誌家とは「文明」の悪影響から「我が」住民を保護しようとみずから進んで努力する存在であることを強調する。彼はこの論調のまま、続けてプリミティヴィスムの主題に直接移っていく。この主題については小文の冒頭ですでにふれているため、今またくり返しても詮ないことだが、おそらく次の点を指摘することには意味があろう。つまり、民族誌学の革命的射程は、なにより知識人としてのレヴィ＝ストロースに、ある効果を与えたということである。この射程に導かれるがまま、彼が必然的にたどりついた結論とは、つまるところ、史的唯物論や諸審級の決定、上部構造にたいする下部構造の優位性などを、すべて放棄することであった。これら似非科学のがらくたは、船の甲板から海原にむけて、いっさいがっさい投げ棄てられる。これにたいし、先にふれたとおり彼が支持していた正統伝播主義のもとでは、文化の全事象を同一平面に置けるばかりか、通時性を共時性へと還元することもできる。そこにマルクス主義との重大な分岐が、さらには全面的な両立不可能性が存するのだ。後年のレヴィ＝ストロースが、自分はつねにマルクス主義者ではあったものの、かろうじてという程度にすぎなかったと、いささかすまし顔で述べたにせよ[☆17]、決別はすでにこのとき表明されていたのである。

以上の考察をふまえれば、モンテーニュそして幾分はジャン・ド・レリーにも献げられた本書第二講演録の考察へと、ただちに移ることができる。講演時の状況を思い起こしておこう。一九九二年とは、アメリカ大陸の発見、いやむしろ当時のレヴィ＝ストロースが好んで口にしていたように、人類の一半がみずからのもう一半を発見した過去を記念する年だった。ともあれ、この年はレヴィ＝ストロースにとり、モンテーニュの符牒のもとに置かれていた（ならばまた、レヴィ＝ストロースが『悲しき熱帯』以来かねて恩義を抱いてきたジャン・ド・レリーの符牒も、そこには附随していたはずである）。『神話論理』の円環を閉じる一書として、自己の学問的遺作にもなった著書『大山猫の物語』で、レヴィ＝ストロースはこの年に先立ちモンテーニュの姿を喚《よ》び起こしてもいた。そして一九九二年春に、彼はこの講演を行い、同年九月には、イタリアの日刊紙『ラ・レプッブリカ』に「モンテーニュとアメリカ」と題する時評も寄せている。レヴィ＝ストロースはだから、数カ月の時をかけて照準を定めていたことになるのだ、モンテーニュその人に向けて……。かといって、当の偉人に差し向けられた敬愛の辞がたえず示されるとはいえ、この時期の彼が同一内容の発言を繰り返していないことには驚かされる。このうち『大山猫の物語』では、モンテーニュのペシミスムが主題化され、「われわれは、存在にたいして、いかなる関与《コミュニカシオン》ももちえない」[*1]、つまり、ひとはだれもが、習慣と臆見の土塁に守られた特異性の城塞を擁していると いう、『エセー』中の名言が解説される。続く『ラ・レプッブリカ』紙掲載の記事では、これとはまったく別のモンテーニュ読解が示された。モンテーニュは、アメリカ大陸諸社会の生にふたつの様態があること、すなわち一方では、複雑さの点からみて最終的には同時代のヨーロッパにかなり近づくような生の様態が、メキシコやペルーの高地にあるのにたいし、他方では、政治組織として極度に弛緩した小規模の村単位からなる生の様態があることを区別しえていた。モンテーニュのそうした認識をレヴイ＝ストロースも心得ているので、ならば最小の社会単位を構成するものとは何かを自分なりに問うための土台は、すでにできあがっている。はたしてこの一九九二年講演では、「野蛮人《バルバール》」と「野生人《ソヴァージュ》」の対置をつうじて、当時の語用における対立が再定式化されるのだ。その点でモンテーニュは、むろん前者より後者のほうに人間性を見いだすような才覚の持ち主である。だとすれば、モンテーニュは、すでにこの時点でプリミティヴィスムの発見的な効能を見抜いていたのかもしれない……、また彼は、そのような知の武装をつうじて、「ホッブズ、ロック、ルソー」に代表される後世の政治哲学の系譜に道をひらいたことにもなるだろう。しかも、モンテーニュにはその最も知られた顔、他者性の擁護者としての顔があったことはいうまでもない。モンテーニュは、私たちと大いに異なる人間性がいくつも存在することなど、ただちに感知できるという姿勢を示す人だった。相異なる人間性もこの世界から生じたものであり、それらがひとりでに上演するスペクタクルが世界を豊かにしていくのだから、私たちと異なる人間性も、評価と尊敬には十分値するというわけである。モンテーニュのこうした見方は、ヒトという種の断片化、細分化を前提とする点で、古典的な伝播主義の学説とまったく同一の位相にあることをここでひとこと指摘しておこう。プリミティヴィスムへの頌歌といい、文化多様性への讃辞といい、レヴィ＝ストロースの思想のうちにモンテーニュが秘めやかに存在していることは、一九三七年の講演からも確認されるのである。

これにたいし、一九九二年講演では、モンテーニュの姿がいっそう分かりやすく現れる。レヴィ＝ストロースはこの講演で、モンテーニュがいかなる改良主義にも警戒を示していたことにあらためて言及する。一個の社会はある一貫した全体を形成し、このうちひとつの要素や様相でも変えようものなら、社会全体が瓦解する危険をはらんでしまうことを、だからモンテーニュは察知していたのかもしれない。彼はこの意味で、人類学における機能主義の、さらには構造主義の「預言者」だったのかもしれない。しかも、「レーモン・スボンの弁護」には現につぎのような一節がみられるだけに、石器時代を豊かな時代とみなすマーシャル・サーリンズの理説[☆18]を、モンテーニュはすでに先取りしていたと、レヴィ＝ストロースはここで言い足すことさえできただろう。

なんの世話も手入れもしなくても、自然のままで、豊富な食べ物や飲み物に恵まれている民族を、われわれは最近発見したわけだが、この事実は、人間にとってパンが唯一の主食ではないことと、耕作作業などをしなくても、母なる自然が必要なものをすべて、われわれに大量に持たせてくれたことを教えてくれる。それもどうやら、いまわれわれは自然にたいして技術を用いているわけだけれど、それよりも、はるかに十分に、はるかに豊富に供給してくれるということであるらしいのだ。☆19

この一九九二年講演には、よもやま話と呼びたくなるような趣きがあるものの、だがレヴィ＝ストロースの狙いは、モンテーニュが人類学的理性を数多の点で先取りしていたことを列挙するだけにとどまらなかった。彼は、『エセー』の著者が参照したアメリカ関連の情報源について、まったく別の話を講演に挿し入れる。そのうえで、このうえなく細密な学識の領域に分け入って、文献刊行の日付を照らし合わせたり、出版前に原稿は回覧されていたとの仮説を吟味したり、さまざまな読み手の解釈に思いを馳せたりしながら、☆20自分には決定的と思えるひとつの問いに決着をつけようとする。それはつまり、「人食い人種について」の章を執筆したときのモンテーニュは、アンドレ・テヴェとジャン・ド・レリー、カトリックとプロテスタントのうち、おもにどちら側の情報を当てにしていたかという問いである。バランスシートの吟味にも似た作業の結果、モンテーニュがけっして棄教などしなかったカトリック信者であることを承知のうえで、レヴィ＝ストロースの天秤はプロテスタントに傾く。その判断は、いずれにせよ正しかったというほかない。レリーの著述は、内容として無駄がないうえ、なにより伝聞ではなく自分が直接得た情報に重きを置く点で、テヴェの著述より優れており、その点では、民族誌学的な方法を先取りしていたのだから。☆21

事実考証についてはそれでよかろう。ただ、モンテーニュが依拠しえた民族誌家はテヴェでなくレリーだと指摘する以外に、レヴィ＝ストロースには、胸に秘めたべつの何かがまだあったのではないだろうか。生前最後となった発言のひとつで——事前に選ばれた、彼の発言に好意的な聴衆をまえにしてではあれ☆22——、偉大な人類学者は最後の回帰として、モンテーニュとルソーをふたたび繋ぎとめる絆のありかを、さりげなく示そうと願ったのではないだろうか。そしてその絆とは、真正性《オタンティシテ》の要求でなければ、いったい何であっただろう。その点、レリーとジュネーヴ市民ルソーがともに信奉するプロテスタンティスムは、なにかといえば仰々しさばかりが先立つカトリシスムに向けて、真正性の要求を掲げられる立場にあった。いかにかぼそい絆であれ、レヴィ＝ストロースの思想にみられる根本的に異質なふたつの他者観を、それゆえこの真正性の絆によって分節＝節合することが可能となる。すなわち第一には、あるがままの私たちという存在を豊かにする他者性、好奇の対象としての他者性があり、第二には、ある諦観をふまえながらも根本的な社会紐帯を創造していく他者性、交換には不可欠となる生来の他者性がある。これらのうち、たしかに前者よりも後者のほうが深く構造的なレベルで作用するにしても、ふたつの他者性は、現実の運びにおいて同一の強度を、そして自己についても同一の真正性を要求する。いずれにしろ、モンテーニュは第一の他者性を、ルソーは第二の他者性を、いずれもみごとに例証したことになるのだが、ならばレヴィ＝ストロースの心象はといえば、アメリカ大陸とその先住民を自分なりに発見してからというもの、これらふたつの他者性の間でたえず揺れてきたことが理解されるだろう。

最後に、クロード・レヴィ＝ストロースの語り口についてひとこと添えたい。本書に収録されたふたつの講演録は、たがいをへだてる歳月にもかかわらず、レヴィ＝ストロースの活きた語り口を私たちに感じさせ、まるで彼の語りに直接ふれているような、ほとんど肉声を聴いているような感覚を喚び起こす。語り口の妙は、彼の話し言葉と書き言葉がきわめて近い間柄にあることから生じていた。並外れて柔軟なその言葉づかいは、両親に宛てた若き日の書翰集で、なによりみごとに表れている。[☆23] まるで話し言葉のあとに書き言葉が続き、逆に話し言葉が書き言葉を引き継ぐかのような筆致なのだ。書くことと語ることとそれぞれの長所、すなわち前者がもつ正確さと、後者にそなわる話術《レトリック》の魅力が、彼の表現にはつねに分かちがたく、いかなる場面でも表れていたかのようでもある。彼のセミナーに参加した人びとは、じっさいその魅力をいまだに憶えているほどである。フランス労働総同盟の幹部労働者や、尊敬すべき医師の集まりをまえにしたふたつの講演録にも表れているように、聴衆に向けてたえず分かりやすく話しかけるレヴィ＝ストロースは、みずからのプライベートな壁を打ち破りたかったようにもみえる。ただし、彼が聴衆の手をとるのは、最後にうまく意表を突くためでもある。書き言葉にしても同じことで、最も難解な箇所でさえ、読み手を置き去りとはせず、読み手に寄り添う気配りがつねに示される。そしてそれは、言葉づかいのレベルを落とすかわりに、言葉を十全に用いること《ス・セルヴァン》、つまりけっきょくは言葉に奉仕すること《セルヴァン》で成り立っている。今日のあまたの作家は、なるほど話すように書きはすれども、肝心の話しぶりが、だれでもできるようなレベルにまで落ちてしまう。レヴィ＝ストロースはその点で、彼らの対極に位置づけられる書き手である。まさに彼こそが、最も新たな古典作家なのである。

エマニュエル・デヴォー

原註

☆1 ただし、レヴィ＝ストロースの執筆活動は、その後もつづいた。とりわけ一九八九年から二〇〇〇年にかけて、彼はイタリアの日刊紙『ラ・レプッブリカ』に不定期で時評を寄せている。そのフランス語訳は一書にまとめられ、二〇一三年にスイユ社から刊行された。（邦訳クロード・レヴィ＝ストロース『われらみな食人種《カニバル》 レヴィ＝ストロース随想集』渡辺公三監訳・泉克典訳、創元社、二〇一九年）。

☆2 *Critique*, n° 540, mai 1992, p. 374-390; repris dans Emmanuel Désveaux, *Au-delà du structuralisme. Six méditations sur Claude Lévi-Strauss*, Paris, Complexe, 2008.

☆3 Claude Lévi-Strauss, *Histoire de Lynx*, Paris, Plon, 1991（邦訳クロード・レヴィ＝ストロース『大山猫の物語』渡辺公三監訳、福田素子・泉克典訳、みすず書房、二〇一六年）。

☆4 ディナ・ドレフュス（Dina Dreyfus, 1911-1999）。

☆5 Emmanuelle Loyer, *Lévi-Strauss*, Paris, Flammarion, 2015, p. 177 et 132.

☆6 Denis Bertholet, *Claude Lévi-Strauss*, Paris, Plon, 2003, p. 84（邦訳ドニ・ベルトレ『レヴィ＝ストロース伝』藤野邦夫訳、講談社、二〇一一年、八一頁）。

☆7 Grafton Elliot Smith, Bronislaw Malinowski, Herbert J. Spinden et Alexander Goldenweiser, *Culture: The Diffusion Controversy*, New York, W. W. Norton & Co., 1927.

☆8 Grafton Elliot Smith, dans *ibid.*, p. 12.

☆9 Herbert J. Spinden, dans *ibid.*, p. 12.

☆10 レヴィ＝ストロース夫妻（クロードとディナ）は、一九三六年一二月から翌三七年三月にかけてパリにいた。この短期間のブラジル不在は、カデュヴェオとボロロの調査行（一九三五年一一月〜一九三六年三月）と、ナンビクワラ調査行（一九三八年五月〜一九三九年一月）のはざまにあたる。パリ滞在は、レヴィ＝ストロース夫妻にとり、ボロロの民族誌学的収集物をウィルデンシュタイン画廊で展示する機会となり、またレヴィ＝ストロース本人にとっては、一連の講演を行う機会となった。これらの講演について、彼は『悲しき熱帯』二八一頁（邦訳『悲しき熱帯Ⅱ』川田順造訳、中央公論新社、二〇〇一年、九二頁）で手短にふれている。注5の前掲書一九二頁も参照。ただしこの評伝には、本書所収の一九三七年講演に関する言及がない。（訳者註：カデュヴェオとボロロの調査行について、原文ではその開始が「一九三三年一一月」と記されているが、これは「一九三五年一一月」の誤記と判断し修正した）

☆11 フランス語で書かれた人類学の概論書では、けっきょくこのドイツ語がそのまま記されることになった。

☆12 Alfred Gell, *Art and Agency: An anthropological Theory*, Oxford, Clarendon Press, 1998 (traduction française: *L'art et ses agents. Une théorie anthropologique*, Dijon, Les Presses du réel, 2009).

☆13 Claude Lévi-Strauss, *Mythologiques*, t. 3, *L'origine des manières de table*, Paris, Plon, 1968, p. 186 et suiv.（邦訳クロード・レヴィ＝ストロース『神話論理Ⅲ　食卓作法の起源』渡辺公三・榎本譲・福田素子・小林真紀子訳、みすず書房、二〇〇七年、二五七頁以下）。

☆14 スティス・トンプソン（Stith Thompson, 1885–1976）は、フィンランドの民俗学者アンティ・アールネ（Antti Aarne, 1867–1925）の衣鉢を継いで、世界各地の神話や説話にみられる言述の全主題目録を作成し、それらをカテゴリー、下位カテゴリー、異伝などによって分類することをめざした。なお、レヴィ＝ストロースが『神話論理』でたどる展開は、トンプソンの方法と対立する。

☆15 モデルは差し替えられたにもかかわらず、伝播主義の誘惑は、『やきもち焼きの土器つくり』（渡辺公三訳、みすず書房、一九九〇年）において、ほぼ無傷のまま再発している。とりわけ、南米のナマケモノにおける排泄の行動習慣と、カリフォルニアの造物主の奇妙な用便法との間に認められる類似関係（邦訳二一五―二一八頁）をめぐって。

☆16 Claude Lévi-Strauss, *Tristes tropiques*, p. 345 et suiv.（邦訳クロード・レヴィ＝ストロース『悲しき熱帯Ⅱ』二〇六頁以下）。

☆17 Claude Lévi-Strauss（entretien avec Didier Eribon）, *De près et de loin*, Paris, Odile Jacob, 1988, p. 152（邦訳クロード・レヴィ＝ストロース／ディディエ・エリボン『遠近の回想』（増補新版）竹内信夫訳、二〇〇八年、一九八―一九九頁）。

☆18 Marshall Sahlins, *Âge de pierre, âge d'abondance. L'économie des sociétés primitives*. Paris, Gallimard, 1976（éd. originale: *Stone Age Economics*, New York, A. de

Gruyter, 1972)（邦訳マーシャル・サーリンズ『石器時代の経済学』山内昶訳、法政大学出版局、一九八四年）。

☆19 Michel de Montaigne, *Les Essais*, Livre II, chapitre xii (p. 348-349 de l'édition établie et présentée par Claude Pinganaud, Paris, Arléa, 1992)（邦訳ミシェル・ド・モンテーニュ「レーモン・スボンの弁護」『エセー 4』宮下志朗訳、白水社、二〇一〇年、四一一—四二二頁）。

☆20 アンドレ・テヴェの著作（『南極フランス異聞』）とジャン・ド・レリーの著作（『ブラジル旅行記』）の初版発行は、それぞれ一五五七年、一五七八年である。たいする『エセー』の初版発行は一五八〇年……ということは、モンテーニュにはレリーを読むだけの時間が十分になかったことになる。だが、レヴィ＝ストロースの論拠にしたがえば、当時ふつうに行われていたように、出版前のジャン・ド・レリーの原稿も人の手から手へと廻っていた可能性があり（広範囲にわたる回覧状況がその著述にたいする人びとの関心の強さを物語っており、著述印刷への出資もそれだけ促進されたという事情もあって）、モンテーニュも、レリーの著述を原稿段階で検討することは十分にできたというのだ。加えて、『ブラジル旅行記』が、ジャン・ド・レリーのフランス帰国から二〇年を経て出版されていることも、ここで想い起こしておこう。

☆21 レヴィ＝ストロースは、この講演からほどなくして、レリーにおける民族誌学的方法の秘密とは、「彼がインディアンになりきったことにある」とさえ述べている。換言すれば、レリーは、まさに今日の民族学者のようにふるまったということだ。Claude Lévi-Strauss (entretien avec Domique-Antoine Grisoni), «Sur Jean de Léry» dans Jean de Léry, *Histoire d'un voyage faict en la terre du Brésil (1578)*, 2e édition, 1580, texte établi, présenté et annoté par Frank Lestringant, Paris, le Livre de Poche, 1994, p. 5-14, ici p. 11.

☆22 この講演の聴衆は、ほぼ間違いなく、主として医師からなるプロテスタント倫理委員会だった。

☆23 Claude Lévi-Strauss, *«Chers Tous deux». Lettres à ses parents, 1931-1942*, Paris, Seuil, 2015.

訳註

＊1 ミシェル・ド・モンテーニュ「レーモン・スボンの弁護」『エセー 4』宮下志朗訳、白水社、二〇一〇年、二九〇頁。

革命的な学としての民族誌学

一九三七年一月二九日[☆1]

注および本文の［ ］で示された補足事項は、編者による。強調部分、句読点、活字またはタイプ上の問題点は、誤記や欠落が認められる範囲で修正した。正確な読解に必要となるいくつかのスペルミスも訂正した。

エマニュエル・デヴォー

いまルフランの話にありましたように、彼とは数日前に、私が革命的な学としての民族誌学について本日お話しするよう取り決めたわけですが、こうした演題にともなう困難とでもいうべきものも、いまルフランは、みなさまに示してくれました。というのも、民族誌学の革命的性格は、私にとり一個人の経験に根ざした意味をもつからです。私がひとつの革命的な学として民族誌学を引き合いに出すのは、何年間も社会主義の組織で活動したあとで、それとはまったく異なる生き方、すなわち野生の諸民族のただなかで暮らす経験をしたからです。その経験から私が引き出せたのは、自分がじつのところ進路を変えたわけではなく、同じ方向で成長を続けているのだということです。一見していかに乖離がきわだち、明らかに違うようにみえるとしても、それは、私の活動がもつふたつの側面を示しているのです。

そういうわけで、この発表もいわばふたつの部分に分かれております。まず、民族誌学とは何かをお話ししなければなりません。これは難しくありません、だれもが知っていることですから。ごぞんじのとおり、民族誌家は、野生人のただなかに赴いて暮らし、（いつも容易なわけではありませんが）彼らとできるだけ友好的な関係を築こうと努めながら、彼らの生き方や、組織、生活様式、つまり自分が知りうることのほぼすべて、領域としてはまったくかけ離れた諸事象を知ろうと志します。たとえば、女性たちは陶製の壺をどのようなやり方でこさえるのか、つまり、土をどのように練り固めたあとでどのように焼くのかという点に、民族誌家は関心をもつわけですが、これとまったく同様に、その民族における宗教的信念や、宇宙をめぐる哲学的観念まで知ろうとするのです。あるいはまた、民族誌家にとって、漁撈がどのような方法で行われるのかと同じぐらい重要なのは、原住民がどのような語彙を用いて会話をし、いかなる親族関係をもつのか、自分のオジやオバ、祖父や祖母やイトコをどう呼んでいるのかを知ることです。いいかえますと、当該部族の生活に関するあらゆる事象、それこそが民族誌家の研究対象となるわけです。

そんなことは、じつにささやかでつまらない関心事ではないかと、みなさまは言われることでしょう。私たちは文明人を自認しているぐらいだから、仮にこうした野生人がボタン付きの衣服をもつとして、ある服のボタンが右つきか左つきかを詮索する習い性など、私たちにはないのだと。

しかし、みなさまの注意をただちに促しておきたいことがひとつあります。それが問題を解く鍵のひとつになるからです。たとえば、イギリスやドイツのような大国の歴史を研究しようとするとき、何世代にもわたって書き継がれてきた著作群の総体を、私たちは自由に読むことができます。それらの書き手は、自分が伝えることの証人であり、文字を介して歴史の正確な陳述をなしおおせたわけです。蓄積されたこれら厖大な証言は、各民族にとって自己の存在に関する文書の総体を構成し、その社会の包括的な知識のようなものを形づくります。ですから、イギリスやフランスやドイツについては、問うまでもないような事柄がたくさんあるのです。それらは、数多の世代が残してきた多種多様な文献のおかげで、いまや誰もが知っている事柄なのですから。

これとは逆に、民族誌家の研究対象となるような住民のあいだで、最も一般的かつ共通にみられる特徴とは、彼らが文字をもたない点にあります。そうした住民をまえにするとき、彼らのことを理解できる文書が、私たちの手元にはなにひとつありません。こうなると、彼らが使用するどんなに些細な品物でも、たとえば汁を煮るための粗末な土器とか、男たちが飾り物として無造作に髪にさす一本の羽とか、およそ不細工な木製の武器でさえ、民族誌家には貴重な資料となるのです。自分が研究しようとする部族の過去だけでなく現在についても、彼らの生活を深く知るための、それが唯一の手段になるのですから。

書かれた資料としては、書物も手稿もなにもなく、資料といえば粗略でみすぼらしい品物しかありません。歴史家ならば、公文書館や図書館へ調べに行ける知識を、私たちはそうした品物から引き出すしかないのです。

この作業を、私たちはいかに行い、またなぜ行うのでしょうか。仕事の進め方はどのようなぐあいになり、この種の探究から得られる利点とはなんでしょうか。以上が、本日の発表のいわば第一の側面、すなわち民族誌学とはなにかという点です。

第二の側面は、第一のものよりずっと込み入った問いになります。民族誌学はいかなる点で革命的な学たりうるのかということです。

一見したところ、民族誌学には革命的なところなど、何ひとつありません。日々の政治闘争と、たとえば、[原文一語欠落]の断片が製作される方法についての詳細な記述とのあいだに、いったい共通点などあるでしょうか。

しかも、学術的な研究に「政治的」という言葉を持ち込むふるまいには、警戒が必要です。マルクス主義的天文学やブルジョワ数学というものがありうるだろうかと考えてみれば、普通は笑ってしまいたくなります。だとすれば、民族誌学を革命的な学として語ることで、私もこの種の罠にはまっていることにならないでしょうか。私はそうはならないと思います。民族誌学の研究に取りかかるやいなや、ひとはいわばおのずと政治性へ接近します。私がごく簡潔なしかたで革命の諸問題と呼ぶような数々の問題に、そのときひとは対峙することになるからです。

まず歴史の観点からみれば、野蛮で遅れた、未開の人びとの社会にかんする知識を私たちが増進させるたびごとに、それがつねに革命的批判と連動してきたことは、じつに注目すべき何ごとかであります。

ごく手短にいくつか例をあげてみましょう。

私は革命的精神ということばを、私たちが生きる社会の諸制度に向けられた批判という意味で使おうと思うのですが、それが最初に現れたのは、ギリシアの懐疑主義です。起源をたどればずいぶん昔まで遡ることになりますから、その歴史をひもとくことが今日の本題ではありません。ともかくギリシアの懐疑主義は、アレクサンダー大王がインド征服の過程で、既知のものとは完全に異なる民族や文化をギリシア文明と対置させていたまさにその時代に、ひとつの教条、体系的な学派となりました。

ここヨーロッパではルネサンス期、たとえばモンテーニュの著作に批判精神が現れたとき、その批判精神の発展と、アメリカ大陸発見に続いて一六世紀ヨーロッパ人の精神に生じた動揺とのあいだに、明白な繋がりを見いだせます。アメリカの野生人がモンテーニュの思想のなかでどれほど大きな位置を占めているかについては、みなさまごぞんじのとおりです。モンテーニュは、善悪の観念が相対的であることや、社会制度が私たちの知るものとはまったくちがう姿をとりながら続きうること、そして私たちにそなわるような宗教も政治的地位も有さない民族でも、じつに調和のとれた幸福なしかたで生活を営めることを指摘するたびに、たえず野生人を引き合いに出しています。民族誌学的な知識の発展が、こうして革命的批判と繋がることによって、双方の絆は確固たるものとなり、二度と断たれなくなりました。以後のどの世紀にあっても、未開人の発見からもたらされた新たな知識のすべてが、革命的な文献で一貫して活用されるようになりました。

一六世紀は、南アメリカが発見された世紀にあたりますが、当時のそうした文献には、南アメリカの野生人の姿がいたるところに見いだせます。

一方、一八世紀は北アメリカ侵攻の世紀になりましたが、一八世紀の革命前夜に生じた批判には、合衆国のインディアンの姿がそちこちに見られるのです。

自分の立論を裏打ちするために最後の例をあげましょう。ロシア革命は初期の数年間で、同国の民族誌学に注目すべき発展をもたらしました。北極海沿岸やシベリア奥地に数多く暮らす未開民族のことが知られはじめたのは、現に一九一七年革命以後のことなのです。

したがって、歴史そのものが、ひとつの問題を提起していることになります。つまり、諸制度を批判する精神が発展をとげようとするたびに、そうした精神は野生の人びとにみずからの範を求めて足を向けるようになり、また革命が勃発するときも、未開の人びと、野生の人びとに目を向けることで、革命はみずからの知識を発展させてきたという問題が提起されているのです。

以上述べてきたことが、革命思想と民族誌学のあいだに私が見ようとしている連関の史的側面です。ところで、私たちにひとしく問題提起をうながすような別の考え方もあります。

私はしばしば、自分が野生人にむける関心を、反動勢力に属する友人たちがあざける言葉に接してきました。彼らはこう言うのです、「あなたの態度は本質的に矛盾していませんか。社会主義者でありながら、我々より遅れた、はるかに退行的な文明を擁護し、維持しようと努めるなんて、本質的に反動のふるまいではないですか」と。

民族誌家は、左派に属するならばたしかに変わった人ということになります（そしていま述べたように、民族誌家はほぼつねに左派の人間でした）。一方では、自分が暮らす社会を批判し、修正し、社会組織を解体して何か別のものに差し替えようと努める人間でありながら、他方では、自分自身の社会で暮らすかわりに野生人の部族に身を置くや、たちまち最悪の保守主義者、最悪の反動家と化して、そんなちっぽけな部族を文明の侵害から防衛しようとするのですから。自分の社会については革命家でありながら、未開人については保守主義者となるわけです。したがってこの点もまた、民族誌学と革命の関係をめぐる問題を省察し、提起するだけの理由にはなります。

問題の前提となる問い、定義の問いを、ごく手短にいくつか示したいと思います。そうした問いは、いつだってこのうえなく退屈ではありますが、議論を混乱させないためにも、そこから始める必要があるのです。

野生人の考察をする研究者を指すのに、多くの単語が使われます。人類学、民族学、民族誌学のような言葉です。これらの用語について必要となる区別を、ここで事細かに探るつもりはありません。

民族誌学は、たいへん日の浅い学問です。ようやく生まれたばかりといったところです。民族誌家は、自分のとりあげるテーマが、未開人の物質文化なのか、社会組織なのか、あるいは野生人の解剖学的構造なのかによって、ちがう用語を使うように促されます。しかしそうした区別に、さほど興味深いところはありません。

それより重要なのは、私もすでに口にしている「未開人《プリミティフ》」という用語の定義です。民族誌家は未開社会を研究するものだと、ふつうは言われます。ただ、未開社会という言葉によって何を理解しておく必要があるでしょうか。

用語の歴史は、はるか昔にさかのぼります。今日の私たちが未開社会を語れるのも、一六世紀にアメリカ大陸が発見されたとき、当時の人びとが完全な未開人を発見したと確信したことから来ています。というのも、そこには聖書に由来するじつに古い伝承があって、人類は社会状態に移行する前に、社会制度も哲学も産業も、今日文明を構成するような何ものも所有しない黄金の時代を生きていたと考えられてきたからです。最初の航海者たちがアメリカまでたどり着いて発見した人びとは、はたして全員が裸身で、産業らしい産業をもたず、キリスト教の啓示も知りませんでした。古代から受け継がれてきた黄金時代の伝説は、その時ただちに、従来よりずっと信頼できるものとなり、大いなる力を得たことになったのです。伝説上の黄金時代、その最後の証人にあたる諸民族が再び見いだされたのだと、そのとき人びとは思い込んだのでした。「未開人」という観念は、まさにそこから生じたのですから、現在の私たちがこの用語を使えるのも、そうした当時の発想と繋げるかぎりのことであって、現実には存在などしない完全な未開人という意味においてではありません。

とはいえ野生人《ソヴァージュ》は、なるほど人類が経験した最初の社会状態ではないにせよ、私たちの社会が何千年も前に経験したはずの社会状態にある点からすれば、それでもやはり原初的な社会状態にあることをしめす、相対的には未開の諸民族です。

この点に注目することも、たしかに問題を提起するひとつのやり方にはなります。おそらく心惹かれる向きもありましょうが、私には危険にうつる考え方です。もしこれが真実だとすれば、アフリカやアメリカの野生人が私たちの社会よりはるかに遅れて進化をはじめたこと、私たちの社会より一万年も二万年も遅れて人類の仲間に加わった、いわば新参者であることを認めなければならないでしょうが、彼らが私たちよりずっと後になってから存在しはじめたのでないかぎり、そんな考え方では説明がつかなくなるでしょう。

よく考えれば、馬鹿げていることがすぐに分かる発想です。ドルドーニュの洞窟に野生人が暮らしていたころ、アメリカにもアフリカにも、すでに野生人は存在していました。[*1] 私たちが未開人と呼ぶ人びとは、私たちの文明社会と同じくらい昔から存在していたわけですから。

おそらくのところ、彼らは私たちと異なるしかたで進化したのであって、彼らのしめす特性がたとえ私たちと同じでないにせよ、だから私たちより未開だということにはなりませんし、少なくとも、必然的に未開の特性をもつということにはなりません。

私たちはふだん、ヒトとサルには共通の祖先があると考えます。しかしだからといって、サルがヒトに比べて、ヒト類型よりも未開な動物類型を表していることにはまったくなりませんし、ほかならぬ人類学者であれば、ヒトのもつ類似の特性よりもじっさい未開といえる数多くの特性をサルはもつ一方で、逆にヒトよりはるかに進化した特性がサルには数多くそなわっていると言うはずです。

これと同じく、私たちはふだん、黒人種は白人種に比べれば、より未開だと考えます。これは正しくもあり間違ってもいます。黒人には、白人の類似の特性よりも未開な特性がかなりある一方で、逆に白人より進化した特性も同じぐらいあるからです。黒人における唇の発達は、ヨーロッパ人の薄い唇よりはるかに進化した特性ですが、それは黒人と白人に共通する大昔の祖先が、厚い唇でなく薄い唇をもつ個体だったからです。

動物種や人間社会の内部にも、同じことが確認できます。私たち人間には、さまざまなしかたで進化した、相異なる類型がみられますが、このうち私たちが未開と呼ぶ社会の多くには、現在の私たちの社会よりもはるかに洗練され、はるかに複雑な社会制度がそなわっているからです。

さて、そうした民族を語るうえで「未開」という言葉づかいはもはや通用しないのに、私自身はこれを使いつづけるつもりです。習慣的に使われる言葉で便利ですし、またどういう意味で使うかを明確にしてさえいれば、混乱に陥るおそれもなく使える言葉だからです。

未開社会が独自な社会だといえるのは、それが私たちの社会より単純な社会だからであって、より遅れているとか、完成度が低いといった意味ではありません。私が提案するのは、まったく客観的な基準です。

第一に、未開社会は小規模な社会です。ヨーロッパの諸社会が何百万もの個人を擁するのにたいして、未開の諸社会は、数千、数百、場合によっては数十人を数えるにすぎません。

第二に、未開社会は、技術上の活動が概してほとんど発達していない社会です。人口が散在しているという意味で、それは稠密な社会でもありません。いいかえれば、私たちの社会に比べて、社会現象がはるかに単純にみえる社会なのです。

私たちの社会は、稠密で規模も大きいので、たとえば家族のような社会制度を理解するにも、大量の文書を精査し、とてつもなく多様な家族の様態を研究するはめに陥ります。これとは逆に、少人数かつ低密度の未開社会における社会制度は、私たち自身の社会制度よりも、見た目からしてはるかに容易で、調査もはるかに単純に済むような姿で現れます。

一例をあげれば、私の考えをおわかりいただけるでしょう。

生物における消化の現象が、カキ(牡蠣)について解明された時、ヒトの消化現象はいまだまったく解明されていませんでした。それでもカキは、ヒト以前から存在していた生き物で、人類とまったく同様に、数千年をかけて進化をとげたわけです。現在のカキは、私たちが未開の人びとと異なるのと同じぐらい、第三紀のカキとは違います。しかし、カキは単純な有機体なので、複雑な有機体よりも、その消化現象を研究しやすかったのです。

社会現象の研究にしても、ほとんど同じことがいえます。

民族誌家の遭遇する困難は、どれも「未開」という用語の誤った意味から生じるものです。しごく簡単に分かることです。一九世紀半ばに進化論が登場したとき、民衆には正真正銘の動揺が走りました。それは、私たちが伝統的な形而上学から決定的に解放されたことを意味していたからです。人間と人間以外の宇宙とのあいだに連関を打ち立てる原理、そして私たちには疑いようのない価値をもち、もはや見すごすわけにはいかないほど普遍的といえる原理が登場したのです。この進化論的な説明を、人間のもつ知識の全領域に拡張しようとする傾向が、当時はきわめて強くありました。人間の発達を動物の発達に関連させるだけにとどめておかず、おそらくはもっと別の考察もできるだろうし、人間が時間と空間をつうじて生みだした社会制度の多種多様な形態を、いずれはこの原理に沿って理解できるようになるだろうと人びとは考えました。これと同様に、限りない連鎖、切れ目のない媒介をつうじて、今日のヒトからより未開なヒトの形態へ、続いてサルのような形態へ、さらに哺乳類からもっと単純な有機体へ、果ては未分化な生体構成物質にいたるまで、私たちの複雑きわまりない社会制度を、しだいにもっと単純な諸制度に連結させていけば、おそらく人類進化の全容を理解するにいたるであろうと考えられたのです。

ようするに、人間社会に適用される進化論的な理念は、ふたつの確信からなっていました。それは第一に、いかなる人間社会も、きわめて単純な状態からしだいに複雑な状態へと、一連の切れ目なき段階を経ていくものだという確信です。第二の確信は、それがもたらした帰結からして、第一の確信よりはるかに重大かつ重要です。すなわち、さまざまな部族や民族をつうじて地球上に出現した社会制度の多種多様な形態をもれなく記述すれば、社会の次元で人類進化の連鎖といえそうな繋がりを再構成できるという確信なのです。特定の制度が、ある民族では形態A、別の民族では形態B、さらに別の民族では形態C、Dなどとして出現していることに、私が気づくといたしましょう。そのとき私は、しだいに複雑となる諸段階をつうじて、しだいに今日の形態へと近づく人類進化の表象として、最終的にはA、B、C、D等々からなるひとつの系列を構成できるだろうというわけです。

これこそ、人類の単系進化の理論と呼ばれてきた見解です。人間のあらゆる社会は必然的に同一の諸段階を通過するのであって、各社会は、それが現在どの段階にあるかによってのみ、相互に異なるにすぎないというのです。たとえば、私たちの社会がYかZの段階にあるとすれば、インドの諸社会はMかNの段階、アフリカ中部やオーストラリアの諸部族はB、C、あるいはDの段階にあるだろうというぐあいです。

こうした確信によれば、インドやアフリカ、オーストラリアの社会に今日みられる諸段階を私たちの社会は必然的に通過してきた一方で、こんどはまずインド諸社会が、私たちの今日の状態に近づくような段階をこれから通過していくことになり、オーストラリア先住民の社会も、まずはインド諸社会、続いて私たちの現在の社会に近づくような諸段階を、これから必然的に通過するだろうと考えるのです。

こうした見解がいかに根拠に乏しいものであるかを示してみたいと思います。この見解こそが、民族誌学や人間に関する認識、民族誌学における真の革命的射程を歪めているのですから。

これはなぜ根拠に欠ける理念なのか。なぜなら、人間にかんする事柄は一見して感じられるよりも、じつははるかに複雑であるからです。地球上に散らばって暮らす数千、数万の人間類型を少しでも注意して研究すれば、かくも複雑な諸人種の進化段階を措定するのは、至難のわざであることにすぐさま気づきます。これまでにもかなりの手法は試されてきました。はじめは、技術面での基準がさぐられました。打製石器時代、磨製石器時代、銅器時代、青銅器時代、鉄器時代など、進化にはいくつかの段階があるとしたうえで、この原則に沿って社会進化の全体を順序づけようとしたわけです。しかしこの学説は、アフリカ全域が石器時代から鉄器時代へ直接移行したこと、つまりごくわずかな例外をのぞいてアフリカには銅器時代と青銅器時代が存在しなかった事実が判明した時点で、完全に崩れ去りました。つまりそれは、世界のあらゆる社会に適用可能な進化法則ではなかったのです。

そこで、また別の学説が試されました。人間は、狩猟民から始まり、つぎに農耕民、牧畜民となり、最後は産業人になったというものです。最初の仮説に比べれば、多少は慎重で、込み入った内容となりました。ただし、曖昧な旅行記からの推測ではなく、未開民族を具体的な生活のただなかで研究するようになったとたんから、狩猟民、農耕民、牧畜民といった言葉にはまるで意味がないこと、正確にいえばそれらは意味が飽和していて、あまりに多彩な意味をもつために、カテゴリーとはなりえない用語であることが分かったのです。

狩猟を想像してください。一般に、狩猟はとても単純な営みですが、狩猟の実践方法は多様です。未開民族のなかには、小型の鳥類や齧歯類、あるいは食用の昆虫さえ森で打ち殺すために、投擲用の棒や石など、まったく未開な手段を用いて小動物を狩るしかなかった人びとがいます。これも、たしかに狩猟ではあります。でも、こうした狩猟は、アフリカにみられる非常に複雑な狩猟社会との間になんらの共通点ももちません。アフリカでは、遠方までとどく弓を手にした男性たちが狩の部隊を形成し、ゾウやライオン[☆2]のような大型獣をまず駆り出してから追い詰め、最後に仕留めるのですが、これは困難をきわめる作業です。

以上ふたつの狩猟の観念が、構造と組織の次元で完全に異なった社会に対応することは明白です。第一の狩猟における社会組織は、きわめて脆弱です。各人は自分のために、自分と仲間の食べ物だけを探しに行きます。これとは逆に、ゾウやバイソンのように群れで生活することさえある大型獣の狩猟は、部族全体の集合的努力なしには成就しえないので、非常に堅固な社会組織が必要です。狩猟社会を語ることは、ですからなにひとつ語っていないか、なんでもかんでも語っていることになってしまうのです。

農耕を考えてみてください。事情はまったく同じです。部族の女性たちが、食用となる根菜を森で引き抜いてから、小屋の近くで掘った穴にその食用根を植えつけるといった農耕が存在します。そうしておけば、わざわざ遠くまで根を探しに出かけなくとも、植えつけた根を自由に食べて、生き続けられるからです。そしてこれとは別に、動物に犂を引かせて営む農耕も存在します。動物を家畜化するための牧畜も兼ねた農耕ということです。作業を行うために調教を要する動物、もはや野生状態ではなくなった動物が、農耕に加わるわけです。こうしたことをふまえれば、農耕民を語ることは、またしてもなにひとつ語っていない結果になります。狩猟しか行わない民族、農耕しか行わない民族、牧畜しか行わない民族など、現実には存在しないのです。

農耕や狩猟のさまざまな様態に応じて、農耕については農耕一、農耕二、農耕三のように、また狩猟についても狩猟一、狩猟二、狩猟三のように、下位区分の設定が提案されたこともありました。でもこれは、簡単なようでいて、じつはいかにややこしい提案かということが分かります。はじめは狩猟民だった人びとが農耕民となる場合、それが狩猟一から農耕一への移行であるとしても、当の農耕一が、農耕は農耕でもまったく異なる形態にそのあと移行した場合には、存在の痕跡として農耕一自体が消え去ってしまうからです。

ところで、未開社会では男女が同じ作業をせず、たがいにまったく異なる経済活動に従事するわけですから、事態はさらに複雑となります。ある社会では、男性が狩猟に専念する一方で、女性が農耕を担っている。しかし、その近隣の社会では、男女の分担が逆転する、そして狩猟や農耕が、もはや他の社会と同じ意味をもたなくなり、民族誌家の分類リストで同一の番号を与えられなくなる。そのあげく、かくも数限りない事象やおびただしい相違点を前にして、明白な混乱のいっさいがっさいを内側から境界づける線を引くことなど、とうていできなくなるのです。どの地域にある社会でも、えてしてその近隣の社会にはみられない様態を創りあげていくものです。狩猟からまっすぐ牧畜へ移行する社会もあれば、牧畜などまったく知らずに狩猟から農耕へ移行する社会もあるのです。これほど単純化しすぎた進化論的基準を現実に適用する方法など、それゆえ存在しないのです。

ただ、それでもなお、こうした解釈にたいする最も決定的な反論を示したことにはなりません。最も決定的な反論は、時間と空間の考察からもたらされます。

私たちが進化について考えるとき、人間の成長を思い浮かべて、幼い乳児が子供となり、次いで青年に、同じく壮年へと向かっていくさまを想像しがちです。胎児が成人となっていったり、種子が植物になっていったりするのと同じ連続性を、人類についても思い描くのです。

しかし、人間社会の現実は、まるでその通りには進みません。本日のささやかな会合では、過度に専門的な考察まで立ち入るつもりはありませんが、たとえば石器製作の技術を研究する先史学者が、個々の石器を初めて発見した場所の名にちなんで、一定数の技術形態を区別していることはごぞんじですね。人類の石器加工にかんする最古の証例は、パリ近郊セーヌ・エ・マルヌ県の小さな町の名にちなんだ、いわゆるシェスリエンヌ石器文化です。この文化の石器は、燧石塊を卵形状になるまで粗削りして、その先端を尖らせただけの、きわめて粗略なものでした。物を叩いたり砕いたり、「握斧《あくふ》」[*2]と呼ばれるとおり、柄をつけずに直接手で握りしめて使用したものと推測されます。

燧石塊をよく切れる刃先になるまで削り落としていく技術は、なかなかのものです。それを先端の尖った卵形にすることは、考えうるかぎり最も単純な工夫でしょう。ところで、人類が進化するのに要した歳月として先史学者の見積もる最小限度は、一二万五千年である一方、シェスリエンヌ石器文化が約一〇万年間にわたって継続した事実に注目してください。つまり、最小の見積りで一二万五千年間つづいた人類の発達のうち、同一タイプの道具使用が一〇万年間、相も変わらず繰り返されたのです。しかもこの反復は、時間ばかりか空間さえまたぐものでした。フランスでシェスリエンヌ石器文化に相当する石器は、アフリカでもロシアでも、あちこちでみられる石器と酷似しているのです。人類は一〇万年間、きわめて単純で粗略なタイプの石器加工をひたすら繰り返したのです。

そのつぎに、別の石器文化が出現しました。たとえば、石塊そのものではなく、石塊から削ぎ落とした鋭利な表面をもつ破片を材料にすれば、いっそう使いやすい道具が得られることに人類は気づきました。握斧よりも多くのことができる刃物を得たのです。

これらの技術とそこから派生した諸技術もまた、金属の発見まではずっと繰り返されました。そしてこんどは金属加工が三、四千年間、変わることなく繰り返されたあと、蒸気機関、ついで電気の発見にいたるわけです。おかげで人類は、それ以前の一〇万年間でなしえなかった途方もない飛躍を三百年でなしとげたのでした。

ですから、人類というのは、誕生から成熟にいたるまで規則的に発達する子供の姿や、芽を出し成長して樹木になる種子の姿とは似ても似つかない存在です。これよりはるかに似通っているのは、七〇歳までずっと子供のままでいてアルファベットさえ知らずにいたのち、七〇歳から七五歳では小学校の課程を修め、そして七五歳から八

○歳にかけて中等教育と高等教育の課程をいちどに修めたような八〇歳の老人の姿なのです。

連続的な進化に似通ったものなど、何ひとつありません。はじめ人類は停滞状態にあった、そしてその状態を動かし変えるには、例外的な刺戟が必要であったかのようにすべては進行するのです。

人類は、一〇万年間きわめて粗略な道具で満足していたのに、その後なぜ、もっと進んだ道具を必要とするようになったのか、その理由を知ることがつぎの課題になります。

これは、民族誌学が答えようと努めながらも、現実にはおびただしい要素と種別を内包している問題群のひとつです。

もし人類に、何らかの自然な運動にしたがって内発的に進化する傾向があるならば、つまり、いかなる人間集団であれ何らかの社会的構成をみずから奔出させる能力があるならば、社会制度や技術成果物は、まったく型どおりの様相を呈するに違いありません。技術成果物の分布状況が書きこまれた世界地図をながめれば、それが蓋然性の予測を立てられる事象のように分布している形状を目にすることができるはずでしょう。しかし現実は、まるでそのようにいかないのです。技術成果物や社会制度は、そのように規則的なしかたで地上に分布しているわけではありません。ある空間には連続的なしかたで分布がみられても、別の空間には分布が確認できなかったりするのです。たとえば、家族組織のある形態が、輪郭を描ける程度には、特定の域内で規則的に散らばっている場合でも、その近傍では当の形態の痕跡さえ見当たらなかったりするでしょう。技術成果物にしても、たとえばピストン式ふいご（私たちの文明でみられるように空気が袋に蓄えられるのでなく、竹を筒切りにしたピストンの中に空気が送られるふいご）は、ポリネシアからマダガスカルにいたる大海域一帯で規則的に分布していますが、ポリネシア以東と、マダガスカル以北および以西では、それが皆無となります。ピストン式ふいごは、分布域の近隣地域でぷっつりと消失してしまいました。人文科学に属するあらゆる生産活動、あらゆる哲学や宗教的信念、あらゆる技術的創意、あるいは特定の家族構造や法形式のような社会組織のあらゆる形態についても、同じことがいえます。ある場所ではそれらが全域、広域にみられるのに、別の場所ではまったく存在しなかったりするのです。

　ですから私たちは、ある特殊な性質をおびた現象に向きあっていることになります。民族誌学は、その現象を研究しようというのです。

　では、みなさまがお疲れにならぬよう手短なかたちで、民族誌家が研究する固有の対象をそろそろ定義することにいたします。

　イギリスの人類学者エドワード・タイラーは、今から六〇年ほど前に、民族誌学の役割とは文化の研究であると定義しました。それが正統の規定として今日も受け継がれています。加えてタイラーは、文化とは一個の人間社会にそなわり当の社会を特徴づけるような伝統、慣習、技法、表象ないし理念の総体であると定義しました。

　一見はなはだ曖昧な定義ではありますが、じつはそこに並外れた意義があるのです。

　私たち現代フランス社会の文化とは何でしょう。はてさてそれは民主制か、あるいは紙巻きたばこを喫う習慣か、議会制度か、映画館に行く習慣か、ある宗教が優勢だったり、あらゆる宗教が一神教であったりすることか、はたまたパリの街路で家庭ごみを回収する特別なサービスがあることか、等々となりましょうか。文化とは、哲学・宗教思想、技術手段、慣習からなる、広大きわまりない一総体です。これらすべてが文化を構成するのです。

ではなぜ、それらをひとつの単位にするのでしょう。それはまさに、人間の社会生活にみられるこうした現象や表出物のすべてを貫いて、ある特定の行動様式がみられるからです。その様式を、これから急いで規定することにいたしましょう。

個々の文化地域の特質は、それが一定の地理的領域を占め、かつ域内に切れ目なく分布する点にあります。こうした界域をふつう円形で表象できるのは、人間の次元または地理の次元で特段の支障がないかぎり、文化地域は規則的に拡大していくものと考えられるからです。

しかし、当然のことながら、現実はけっして円形になりません。文化の領域は、それよりはるかに複雑な形をとるものです。文化地域のなかには、たとえばエスキモーのように、北極南部とアメリカ大陸北部というふたつの地帯にまたがって非常に長く伸びているものもあります。とはいえ、文化地域は、その内部にふたつの位置、すなわち中心的位置と周辺的位置を設定することができれば、円の形状で考察することも可能になります。ひとつの文化地域は、円内のふたつの位置のいずれを占めるかによって、まったく異なる特性を帯びるものです。それは中心的位置において、たいへん豊かで複雑となり、かなりの発展と装飾をもたらします。逆に、周辺的位置においては、貧相で衰弱し、痕跡状態としてしか存在しないことさえあります。

このことを例証するうえで、じつに驚くべき事例、まるで自説を通すために都合よくでっちあげたのではないかと疑われるほど印象的な事例がいくつかあります。

そのなかに、アメリカの民族誌家たちがある文化地域、すなわち合衆国南部で、陶器の発達を調査した事例があります。彼らが現地で見いだしたのは、五色の彩色陶器を産する中央域A、四色陶器を産する区域B、三色陶器を産する区域Cで、そのあとは陶器製作がなされなくなる地域まで、器の彩色数は減じていきました。

彼らは同じく、ニューヨーク周辺でたがいにかなり異なった形状をもつ石製の小型装飾品の分布を調査しました。形の異なる装飾品が見つかる地域はどのあたりかを調べたのです。その結果、彩色陶器の事例と似かよった事実が、ふたたび判明します。五種の品目がみられる区域、四種の品目があるべつの区域、三種の品目があるこれまた別の区域、そして装飾品がみられなくなる地域まで、形状の種類はしだいに減じていきました。

この事実が一見してただちに示唆するのは、つぎの解釈です。最も多様な装飾品がみられる区域はこの装飾の発祥地であり、そこでは初めに第一の型式、たとえば四角い装飾品が創作され、そこで生まれた四角い装飾品がつぎに数世紀をかけて近隣民族に借用されていく。これと同じしかたで、借用経路が全方面に展開していく。同じ中心区域はその数世紀後、こんどは丸い装飾品の創作をはじめ、これも同一の借用経路をたどっていく。さらにその数世紀後には三角の装飾品が創造され、同じことが繰り返される。そして最後に、アメリカが白人に発見される時が到来する。この時、第一のつまり最古の装飾型には、発祥以来最も長い旅路を経るだけの歳月があり、その後に創作された装飾型の旅路は、これよりしだいに短くなっていく。そして順番の最後にあたる装飾型は、ついに発祥地を越え出ることがなかったという解釈です。

これはひとつの仮説ではあります。しかし、合衆国南部の五色陶器の中央域で発掘がなされた結果、仮説は実証されました。五つの異なる地層が積み重なった状態で見つかったのです。このうち最下層から出土したのは一色陶器で、中央域から最も離れた区域でも、ぴったり同じ型式の陶器が見つかりました。さらにそれ以外の層からは、それぞれ他の彩色陶器が出土しました。はたして仮説は実証されたことになります。中央域にとどまる五色陶器は、それ以外の区域に拡散するだけの時間がなかった点からみて、最も新しい年代の型式といえるのにたいし、それ以外の型式は年代が古いものほど、発祥地である中央域から離れた場所で発見されたということです。

以上から、つぎの知見が導かれます。人類の文化現象を理解したければ、人類がいわば内発的に産みだすもの、さながら樹木となるのに必要なすべてを種子がみずからの内に宿しているがごとく、人類がみずからの内に宿しているものとして文化現象を思い描いてはけっしてならないこと、むしろそれは、まさに借用がなされるかぎりで地上に発展していく現象として捉えなければならないということなのです。ある地域の民族が陶器を有するのは、彼らがそれを近隣民族から借用したからであり、当の近隣民族も、それをまた別の民族から借用し、以下同様となります。四角や丸や三角の装飾品にしても同じことで、それらは初めに創作された中央域から、一連のあらゆる媒介を通じて他地域に伝わっていくのです。

社会組織や技術成果物のような人間固有の現象が、地上に一群となって分布する区域があるとおもえば、その傍らにはまるで分布のみられない区域があったりするのはどうしてなのか、これでお分かりいただけたでしょう。それはつまり、当の社会組織や技術成果物を創りだした民族の近隣に、それを借用した民族がいて、そこから少し離れた場所には、いまだ彼らとの接触がないままの民族がいるからなのです。したがって、この第三の民族が最初のふたつの民族と共通の特性をもたないのは、第三の民族があまりに未開の段階にあるからではなく、独自の文化地域を築きあげた諸民族にたいして、まだ借用者の立場となった来歴をもたないからにほかなりません。長々とお話しするのはもうやめにしましょう。最後に、こうした見解のもつ強みを示そうと思います。

これにしたがえば、数千年をまたぐ人類史の連続性を少しずつ復元していけるという点が、この見解にそなわる強みです。私たちが未開人の社会をまえにするとき、当の社会にみられる物品、技術の細部、信念の諸相のどれひとつをとっても、それらがみな、この未開社会と近隣諸民族との関連づけをうながす理解可能性の厖大な手段となります。近隣諸民族のなかには、共通の特性が他の社会以上に発達していることから、その特性を創始したとみなせる人びとや、逆にいっそう未開であることから、その特性を借用したとみなせる人びとがいるのです。

私たちは近年にいたるまで、西洋の強大な諸社会が［示す？］位相だけ、ただそれのみでしか人間のことを認識してきませんでした。そしてアフリカやアジアやアメリカに目を向けたとたんに、調査方法をうまくつかめなかったり、現地の人びとが私たちの手に負えなかったりで、もう何もわからなくなってしまったのです。民族誌学は、これら厖大な数にのぼる住民、歴史からそれまで完全に排除されてきた人類の巨大な一部が、歴史へ組み入れられるような技法を、まさに打ち立てました。人間を理解可能な存在にするうえで足りなかった部分を、私たちの研究ならば補完することができるのです。

民族誌学が革命的意志に合致しうることを、私がいかなる意味で言おうとしているか、これでお分かりいただけたでしょう。民族誌学は、私たちが人間を理解するうえでの一助となるかぎりで、革命的意志に合致します。この学はべつのしかたでも、すなわち信念や習慣や伝統の多様性を私たちに示すことでも、革命的意志に合致します。これらの多様な事象こそ、未開民族にかんする知識を社会制度批判とつねに緊密に繋げてきた、民族誌学と革命的意志との伝統的な絆を証しているのです。さらに、民族誌学はひとつのきわめて意義ぶかい教訓を私たちに送り届ける点でも、革命的意志に合致します。それはつまり、人類に特有の停滞状態を打ち破るのは、ひとえに借用と接触をつうじてであり、そのかぎりで私たちは、民族間に数多くの接触が存在することこそ、社会進歩の維持・促進を可能にする唯一の条件であるという結論を引きだせるのです。

今から数百年前、中央アメリカ[☆3]の高地では、メキシコ文明が大いなる発展をとげていました。この文明は、驚異的な発見をなしとげ、大建造物を築きあげ、このうえなく複雑な社会組織を擁するまでとなったのに、スペインの海岸からひと握りの冒険家たちが到来しただけで、あっけなく崩壊してしまいました。それはなぜでしょうか。メキシコ社会は、他民族との接触もないまま孤立していたところに、あらゆる国際的接触の中心にあった諸社会の代理人がやってきたせいで、すっかり劣勢に追い込まれたからなのです。

はじめは孤立と独立から生まれた創作物が、民族から民族へと交換されていくのでなければ、人類には変動も進歩も自己変革も不可能なこと、それは人類に内在する危機であること、そしておのれの内に身を委ねるような社会は、進歩に向かう自然な活力を欠いており、それを少しでも揺り動かすには、異民族との接触という小震動のおびただしい積み重ねが必要であることが、野生人の研究をつうじて私たちに示されるかぎり、まさにそのかぎりでこそ民族誌学は、実例を遠くまで探しに行くのであって、それだけ実りある教訓を届けてくれるのです。

民族誌学が私たちに示すのは、個別のごく小規模な社会を特徴づける現象ですが、しかしきわめて単純な諸社会について研究するからこそ、その現象が人類の本質そのものを特徴づける現象であることを示してくれます。人類文化のあらゆる多様な中心が、たがいに接触しあうかぎりで、人類の進歩も社会の進歩も唯一存在しうること、そして孤立した社会とは停滞した社会であり、接触状態にある社会だけが進歩をとげうることを、民族誌学は教えてくれるのです。

最終的な結論と思えるものは以上です。これからの数年で、民族誌的研究もこの結論にたどりつくことでしょう。私は今宵、このことをみなさまに注目していただきたかったのです。[拍手][☆4]

原註

☆1　講演転写稿の完全なタイトルは「CCEO、一月二九日。〈ある革命的な学：民族誌学〉。大学教授資格者ストロースによる。」CCEOは、労働者教育同盟センターの略号である。ジョルジュ・ルフラン率いるフランス労働総同盟傘下のこの部局は、今でいう生涯教育を受け持っていた。講演の日時は、本書序文注10を参照。タイプ打ち原稿冒頭には、手書きによるつぎのふたつの記載あり。「パリ一六区、ロリストン通り一一番地の二、レヴィ＝ストロース」、および「もういちど読んで直したい？　G. L.［ジョルジュ・ルフラン」」(しかし現実には、レヴィ＝ストロースによる再読も修正も明らかになされていない)。

☆2 転写稿には「トラ」とあるが、編者修正。

☆3 転写稿には「アフリカ」とあるが、編者修正。

☆4 転写稿末尾につぎの記載あり。「パリ、ヴォルテール大通り二番地、O・サラファによる速記録」。

訳註

＊1 ドルドーニュ県はフランス南西部、ボルドー市のあるジロンド県の東隣に位置し、ラスコー洞窟をはじめとした後期旧石器時代の遺跡群を豊富に有する。なお、モンテーニュの城館は、奇しくも同県のドルドーニュ川流域に所在する。

＊2 当時のレヴィ＝ストロースが「シェスリエンヌ」と呼んだこの石器文化は、今日でいうシェル文化、またはアブヴィル文化をさす。なお、ここで「石器文化」と訳した《industrie》は、先史学用語でいう「石器製作伝統」または「インダストリー」であり、「握斧」は「手斧《ておの》」や「ハンドアックス」とも呼ばれるが、ここでは前後の文脈を考慮

してそれぞれの訳語を選んだ。なお、握斧のフランス語表現 «coup de poing» は、学術を離れた日常の言語運用において「拳」や「げんこつ」を意味する。

モンテーニュへの回帰

一九九二年四月九日[☆1]

この講演をめぐる私からの質問に、モニク・レヴィ＝ストロース夫人は、それが夫の生前行った最後の講演のひとつであり、一九九二年のものであることを確証した。夫人によれば、この講演は（夫人が保管している）クロード・レヴィ＝ストロースの手帖に、一九九二年四月九日一七時の日時で記された「ドニジェCP講演」の記載と合致する。レヴィ＝ストロース夫人は、このとき夫に同伴していたことを憶えていて、講演はパリ大学医学部棟で行われたのではないかと考えていた。ただ、私が独自に事実を照合させたかぎりでは、プロテスタント倫理委員会をまえにして行われた講演だったものと思われる。

この講演で、演者レヴィ＝ストロースは、モンテーニュの『エセー』およびジャン・ド・レリーの『ブラジル旅行記』を詳細に引用している。レヴィ＝ストロースが『エセー』の底本としたのは、現在アシェット社の文庫本に再録されている版である。私が参照したのは、ジャン・セアール監修の二〇〇一年版である。ジャン・ド・レリーからの引用については、一八八〇年のポール・ガファレル版を参照したが、綴りは今日の慣用に合わせてある。つまり私は、おごそかな権威をおびた両文献のふたつの版を参照しながら、現状では欠落箇所が散見される講演転写稿の連続性を復元したことになる。

加えて、転写稿はかなり改竄された性質をもつため、綴りやタイプミスに関する必要な修正、若干の語の欠落（以下［　］で表示）を補う挿入をおこなったほか、クロード・レヴィ＝ストロースによる発言の趣旨が十分に明確となるよう、原文への誠実な介入を余儀なくされた。なお、脚注と講演タイトルは編者の手になるものである。

エマニュエル・デヴォー

［冒頭欠落］すなわち、モンテーニュの『エセー』第一巻第三一章「人食い人種について」です。

そこで、差し支えなければ、これからこの文献について省察いたしますが、のちほどみなさまと意見を交わす時間を十分にとることができればと願っています。

この文献というより、正しくはこの章「人食い人種について」は、じつは三部作のうちの一篇をなしています。というのも、ひとつの文章、ひとつの章、つまり『エセー』第三巻第六章を［この章が補う位置づけになっており］、ですから「人食い人種について」は、それより後に書かれたことになります。ごぞんじのとおり、モンテーニュの『エセー』第一巻と第二巻の初版刊行は一五八〇年であるのにたいし、第三巻は、その後の版で初めて刊行されました。それは、モンテーニュ存命中の一五八八年版、および三度目の『エセー』刊行となったモンテーニュ没後の一五九五年版においてであります。

「馬車について」と題された第三巻第六章は、いってみれば、これからお話しする章と正確に対をなしています。「人食い人種について」の章が、[一語欠落]のインディオ、つまり熱帯雨林の低文化の典型を主題とするのにたいし、「馬車」の章は、かたやメキシコ、かたやペルーの高文化にあてられるからです。そしてこれら二篇がそれぞれ、第三の章の両脇を固めます。他の二篇以上に哲学や道徳固有の省察がなされるこの章、すなわち「習慣について」。容認されている法律を安易に変えないことについて」と題された第一巻第二三章において、いわばモンテーニュは、もはや民族学的というより、いってみれば政治的な見解を披瀝するのです。

本日の導入的な短い発表では、以上三つの章をたえず行き来する必要があるでしょう。「習慣について」が中心の位置を占め、その両脇に「人食い人種」と「馬車」が並ぶという配置です。

「人食い人種について」の章は、『エセー』の他の多くの章と同じく、一方では古代の文章や古代に関する回想と、他方ではみずからの私的な、それゆえ最近の経験録とを行き来するという、突き合わせのような組み立てになっています。

モンテーニュは、読み手をギリシア・ローマに立ち帰らせる一連の引用から、この章を始めます。引用を共通につらぬく話題は、ギリシア・ローマの両軍が相まみえた時のエピソードでありまして、そうですね、いってみればギリシア人はギリシア的たらざるものすべてを野蛮と呼び、そのことはローマ人にしても同じだった。ところが、戦陣と隊列をめぐる敵軍の鮮やかな編成ぶりを目の当たりにした彼らは、「けっきょく」たがいにこう言いあうしかなかった。「おい、連中のどこをみても、野蛮なところなんてちっともないじゃないか」と。

そう記してから、モンテーニュはすぐさま――それがこの章の第二段落になります――最近の考えに移ります。以下、原文の朗読をお許しください。「わたしのところに、長いこと、ひとりの男を置いていたが、彼は今世紀に発見された、あのもうひとつの世界のうちで、ヴィルガニョンが上陸して「南極フランス」と命名したところに一〇年ないし一二年も住んでいたのだ。この広大無辺な土地の発見は、とても重要なことだと思われる。この先、なにか別の発見がなされないと保証できないのではないのか。なにしろ、わたしなどよりも、よほど偉い人々が、この点ではまちがいを犯してきたのである。われわれはひょっとして、腹よりも大きな目を持っているのではないのか、収容しきれないほどの好奇心を持っているのではないのかと、わたしは心配になる。われわれはなんでも抱えこんだあげくに、風しかつかまえられないのだ。[*1]」

つまり、ここで読み手は、ごく明確な事柄へとただちに連れて行かれるのです。フランスの冒険家ヴィルガニョンは、当時フランス領だったブラジルでけっきょく挫折することになるのですが、[*2]コリニー提督から、そしてもちろんフランス国王からも祝福をうけて、一五五五年にブラジルへ旅立ちました。

ところで、「人食い人種について」の章が執筆された正確な日付はわかりませんが、『エセー』の最初の二巻が一五七一年から一五八〇年にかけて執筆されたことは、だいたい分かっています。ですから、「わたしのところに、長いこと、ひとりの男を置いていたが、彼は、あのもうひとつの世界のうちで、一〇年ないし一二年も住んでいたのだ」とモンテーニュが記すとき、問題の男性が、一五五五年にヴィルガニョンとともに船出した彼の仲間ではなく、すでに現地にいた何者かであることは、ほぼ確実です。じっさいフランス人がブラジルの地に初めて足を踏み入れて以来、つまり一五

○四年のビノ[☆2]の旅行以来、多くはノルマンディー出身者からなる大勢のフランス人が、当地にとぎれなく滞在していたことが分かっています。彼らは、ブラジル産の木材をはじめ、原料として貴重とみなされていた物品を目当てに寄港する商船の通訳をつとめていました。しかも、ときにはインディオのもとに若い男たちを引き連れて、その男たちが土地の言語を容易に学び、当時の言葉でいう通詞《トリュシュマン》を後々つとめられるよう、現地に残していくことまであったのです。ですからほぼまちがいなく、モンテーニュに仕えていたのもそうした通詞のひとりで、そうなる以前は、ヴィルガニョンの上陸地点、つまりリオ・デ・ジャネイロ地域で暮らしていた人物だったことになります。

この段落の残りの記述は、あまり分かりやすくないようにみえるかもしれませんが、これを第三巻第六章「馬車について」の対応する一節に結びつけると、ずっとよく分かるようになります。その箇所でモンテーニュは、新世界にかんする一節をつぎのように始めているからです。「われわれの世界は最近、もうひとつの別の世界を発見するに至った。(守護神《デーモン》たちも、シビュラたちも、そしてわれわれも、最近までこの世界を知らなかったのだから、これが世界の兄弟のうちの末弟だなどと、だれが請け合えるというのか?）そして、このもうひとつの世界は、われわれの世界に劣らず、大きくて、満ちていて、頑丈な手足を有している」[*3]云々。

これは、モンテーニュがたえず心に抱いていた思いです。私たちは、もうひとつの世界をなにぶん発見したばかりなのだから、これが最後だとか、地球の残りの半分だとか思いこむ［けれども］、そんなことはけっきょく何も分からないし、新世界の存在をこれまでかくも長きにわたって知らずにいたぐらいなのだから、この世界に匹敵しながら、なおも発見の時を待ち続けているべつの諸世界が、まだ存在する可能性は十分あると考えるわけです。

［しかしながら］モンテーニュの生きた時代には、今後さらに別の世界が発見される可能性などおそらくないことを証明する多くの論拠が、すでに形をとりはじめていたことがわかります。このほど発見された新世界は、北は北極に、南は南極に達しようとしている点からみて、これは島というより大陸であり、したがってもはや北にも南にも余地はなく、しかも当時は、東インド諸島がすぐ近くに、つまり大西洋の対岸に

存在すると信じられていたわけですから。

はい、モンテーニュはこれに続けて、当の新世界がプラトン描くところのアトランティスなのか、それとも古代の文献でほのめかされてきた驚異の別世界なのかという問題について若干考察を行います。ただ、これは立ち入る必要のない問題であることの理由を述べたうえで、彼は先ほどのインフォーマントの話題にすぐさま戻るのです。

わたしが使っていた男だけれども、単純で、無骨な人間であったが、これは本当の証言をもたらすのには、ぴったりの条件といえる。というのも、利口な人間《フィーヌ・ジャン》は、もっと注意深く、もっとたくさんのものごとに気づくものの、それに注釈をつけてしまうのだ。それに、自分の解釈を引き立たせ、それを納得してもらおうとするものだから、どうしても話をいくぶんか変えてしまうのである。純粋なものごとを示すことは絶対になくて、それをひん曲げて、自分が見たような顔つきの仮面をつけるのだ。そして、自分の判断の信憑性を高め、相手の気持ちをそこに引きつけようとして、とかく、素材のわきになにか付け加えたり、それをぐっと引き延ばしたり、拡大したりしがちなのである。そんなわけだから、必要なのは、とても忠実な人間か、さもなければ、すごく単純であって、なにかをでっちあげて、それをまことしやかに見せるだけのものを持ちあわせず、なににも与しないような人間である。わが家にいた男は、そうした人間であった。おまけに、旅行のあいだに知り合ったという水夫や商人たちに、幾度となく会わせてくれた。だからわたしは、世界地誌学者《コスモグラフ》たちのいうことなどには耳をかさず、この男の情報だけで十分なのである。[*4]

はい。ここでおさえておくべきことがふたつあります。第一に、モンテーニュにとって、この人物はただひとりのインフォーマントだったわけではなく、こう言ったほうがよければ、ブラジルで同じ地域に暮らした経験のある他の多くの船員や商人とも、モンテーニュはこの人物をつうじて接触していたという点です。

第二に、これはすぐには察知しにくい点なのですが、この一文には、当時名の知られていたひとりの書き手にたいする、ごく遠まわしでありながらじつに辛辣な攻撃がみられるのです。その書き手とは、ヴィルガニョンに同行して一五五五年にブラジルへ渡ったフランシスコ会士［アンドレ・］テヴェのことであり、テヴェはたぶん五七年に帰国して、その直後、五八年に『南極フランス異聞』を刊行しました。テヴェはあちこちを旅した人で、ブラジル渡航以前も一七年間、ほとんどひっきりなしにフランス国外ですごしていました。正確にいえば、テヴェは一五三七年から一五五四年にかけて、聖地パレスティナへの特筆すべき旅をはじめ、オリエントと中東をくまなく渡り歩いていたのです。しかもヴィルガニョンは、テヴェを同行司祭としてだけでなく、遠征隊の修史官としても雇っていました。当時の言い方にならえば、彼はヴィルガニョンお抱えの世界地誌学者でもあったのです。はたして彼は、一五七五年に『世界地誌』を著して、ブラジルの事物についても同書でいちどならず言及することになります。

ところで、テヴェはあまり感じのよい人物ではなかったようで、物事をねじ曲げたりするのを気にしたりはしませんでした。というのも、けっきょく彼はある種の……そうですね、古美術商で物知りで、いくぶんは独学にはげみ、知識をためては何でもかんでも書き散らすような人物だったのです。テヴェは、『南極フランス異聞』の刊行直後から、あらゆるたぐいの批判をたちどころに「巻き起こし」、その標的となりました。さきほどの引用で、モンテーニュは彼を名指しこそしていませんが、「世界地誌学者たちのいうことなどには耳をかさず」という最後の言いまわしが、テヴェを直接槍玉に挙げていることは明白です。

モンテーニュは、さらに続けます。「自分が訪ねたことのある土地について、個別のことがらを物語ってくれる地理学者《トポグラフ》ならば——モンテーニュはここで、世界地誌学者《コスモグラフ》より、もっとずっと控えめな地理学者《トポグラフ》であればと言いたいのです[*5]——、われわれに必要かもしれない。しかしながら、パレスティナを見てきたのだという強みがあるから——これでテヴェのことだとわかります[☆3]——、世界の残りのあらゆる土地に関しても、この特権をふりかざして、あれこれと話をしたがるのではないのか。このことに限らず、ほかの主題についてもいえるけれど、自分の知っていることを、知っているかぎりにおいて、書いてもらいたいものである。というのも、ある人が、ほかのことは人並みにしか知らなくても、川や泉の性質に関してなら、なにかしら特別な知識なり、経験なりを持っているということがありうるのだ。ところが、そうした人間が、ややもすると、この小さな断片をぐっと引き延ばして、自然学全般について書くつもりになったりするではないか。[*6]」——言いかえれば、「現実の」小さな断片を描いているだけなのに、自然学全般を何ページにもわたって書き連ねようとするだろうと。

さて、きわめて興味深いことに、一五七一年から八〇年にかけてのいずれかの時期、ここでは仮に一五七五年としておきましょうか、その時期から、ブラジルにかんする知識と情報をめぐって、テヴェを非難する熾烈な論争が起こりました。そして、モンテーニュの識る通詞や商人や船員たちが、一五五八年の『南極フランス異聞』出版に憤激するのですが、そのうちのひとりに、どうやらジャン・ド・レリー自身がいたようなのです。

［冒頭欠落］レリーは、一五五七年三月にブラジル到着をはたしますが、それはほぼ間違いなく、テヴェがじきに帰国しようとしていた時期のことで、[*7]レリー自身は五八年にブラジルをあとにしています。彼がそのずっとあと、七八年にようやく『ブラジル旅行記』を刊行したのは、原稿が二度も紛失したうえに、サン゠バルテルミーの虐

殺にも、サンセールの包囲にも――特に後者について彼は記録も残しています[4]――彼自身がたび重なる宗教戦争に巻き込まれていたからです。

さらに、テヴェとレリーは、たがいに相手を詐欺師呼ばわりして、激しく敵対していたことがわかっています。一五八〇年のレリー『旅行記』第二版――初版は一五七八年なので第二版です――では、［そのため］序文全体が丸ごと、じつにあからさまなしかたでテヴェへの批判に向けられている。そう、いわば民族誌家どうしの内輪もめというだけではないのです。とはいえ、ふたりの交わす議論をみると、フィールドを同じくする民族誌家が今日でもやらかしかねない内輪もめと瓜二つの性質をもつことがうかがえて、それはそれでじつに面白いんですけれども。たとえば、一方が「彼はフィールドに三カ月しかいなかった」と言えば、もう一方は「いやいや、私はそれよりずっと長くいましたよ、それから帰ってきたんです」と言い返すような代物です。この点ではふたりのやりとりも、今とまったく同じですね。

ただし、ふたりの敵対には、これよりはるかに深刻な事情が関わっています。それは宗教的な次元での軋轢にほかなりません。テヴェは、ヴィルガニョン付のカトリック同行司祭でした。テヴェが同行したのは、ヴィルガニョンその人が熱心なカトリックだった時期のことです。ただしヴィルガニョンは、このときカトリックだけでなくプロテスタントも同行させていたことが、同じく判明しています。じつのところ、みずからの企てを支えているヴィルガニョンの壮大な理念、その背後ではコリニーも理念を等しくしていたのですが、それは、母国から遠く離れた土地にフランス人を定住させる試みであり、そこでならば人びとも宗教対立を忘れて、カトリックとプロテスタントが友好的に暮らせるだろうと思っていたのです。

さて、ヴィルガニョンはブラジルにどうにか到着しています［あるいは「ブラジルで苦悩しています」か］。孤独と異郷暮らし［と］試練のせいで、おそらく少々熱を帯びていた彼の頭は、このとき宗教上の大問題に向きあい始めます。ですから彼は、しばらくしてから意を決してカルヴァンに書翰を認《したた》め、神学的次元での諸問題を自分が解決できるよう、手を差し伸べてくれそうなプロテスタントの牧師の派遣を要請しました。ブラジルに暮らすひと握りのフランス人のあいだでは、当時そうした問題をめぐって白熱した議論が交わされていました。はたしてカルヴァンは、数名の牧師を派遺してくれて、そのうちのひとりがほかならぬジャン・ド・レリーなのでした。

ですから、テヴェとレリーの間で持ち上がったのは、同じ民族誌家どうしの諍いというい以上に、たがいに相手のあらゆる悪行をあげつらう、カトリックとプロテスタントの諍いでありました。ヴィルガニョンの入植地は、途方もない困難をかかえています。蜂起もいちど起きましたし、数々の紛争や処刑も生じました。ヴィルガニョンにたいする謀議［さえも］が企てられたさいには、彼もじつに酷たらしい方法で処刑を行い、罪人に報復しています。そしてカトリックもプロテスタントも、こうした敵対のあらゆる責任を相手に負わせるのです。

その点では、これらすべてを現場で目のあたりにしてきたモンテーニュのインフォーマントたちも、テヴエにたいして冷淡でしたから、カトリックよりむしろプロテスタントの側に従いていたように思われます。

では、モンテーニュの本文のうち、少なくとも特に興味深く思える箇所に戻りましょう。ちょうど私がいま口にしたように、「わが主題に話を戻すとして」という言葉から始まる一節なのですが、ここでいう主題とは、野蛮にいかなる定義をあたえられるかという問い——これはモンテーニュが始めから提起していた問い——を指しています。

自分の習慣にはないものを、野蛮《バルバリー》と呼ぶならば別だけれど、わたしが聞いたところでは、新大陸の住民たちには、野蛮《バルバール》で、未開《ソヴァージュ》なところはなにもないように思う。どうも本当のところ、われわれは、自分たちが住んでいる国での、考え方や習慣をめぐる実例とか観念以外には、真理や理念の基準を持ちあわせていないらしい。あちらの土地にも、完全な宗教があり、完全な政治があり、あらゆることがらについての、完璧で申し分のない習慣が存在するのだ。彼らは野生《ソヴァージュ》であるが、それは、自然がおのずと、その通常の進みぐあいによって生み出した果実を、われわれが野生《ソヴァージュ》と呼ぶのと同じ意味合いで、野生《ソヴァージュ》なのである。本当ならば、われわれが人為によって変質させ、ごくあたりまえの秩序から逸脱させてしまったものこそ、むしろ、野蛮《ソヴァージュ》と呼んでしかるべきではないか。前者のなかには、本当のものが、もっとも有用で自然な美徳や特性が、生き生きと、力強く存在しているのに、われわれわれときたら、後者のうちで、それらの質をおとしめて、われわれの堕落した好みのほうに合わせてしまったのだ。しかしながら、栽培がおこなわれてはいない、あの国のさまざまの果物ときたら、われわれの好みからしても、わが国のものにひけをとらぬほどに、美味で、味わい深いものかと思われる。人為《アール》なるものが、偉大で、力強い、母なる自然よりも、名誉を勝ちえるというのは、理屈に合わないのだ。われわれは、自然が作り出したものの美しさと、豊かさの上に、われわれの考え出したことをあまりにもたくさん乗せすぎてしまって、これを完全に押し殺してしまっている。にもかかわらず、自然の純粋さが輝くところでは、どこでも自然は、われわれの空しく、つまらない試みに、ものすごい恥をかかせることになる。*8

この一節――私たちにはむろんきわめて重要となる一節――で、モンテーニュが、野生と野蛮を交換可能な用語として使っている点には注目しておく必要があります。なぜなら、当時の言葉づかいで、この二語はまったく同義というわけではなかったからです。

ではどの点が違うのか。それはおもに、政治的次元の違いといえるでしょう。当時で言う野生の民族《ナシオン》とは、たがいに孤立して居住し、他者との接触を求めない、ごく小規模な民族のことです。これにたいして野蛮な民族とは、何らかの政治組織を有し、大規模な企てに乗りだすさいには――たとえ平時は孤立状態で居住していても――結集することのできる民族を指していました。

いってみれば立論上の理由から、モンテーニュには語の混同が必要不可欠であったことがよく分かります。ギリシア・ローマの古典と、ブラジルの住民をめぐる観察との間をたえず飛び越えてはその双方を引き比べるような立論にあって、彼は野蛮という言葉を前者にしか使わなかった以上、そこから後者の話題へ移るためには、双方のあいだに一種の対応を確保しておく必要があったことも十分にわかるのです。

そもそもモンテーニュの文章で、これが唯一の箇所ではありません。いま思い浮かぶのは、野生と野蛮の定義に関する箇所です。その冒頭で彼はこう述べていました。「世間一般の考え方にとらわれないように注意する必要がある。一般の声《ヴオワ》ではなく、理性の道《ヴオワ》にしたがって判断しなくてはいけないのだ。」[*9]

この少しあとで、私が先ほど読みあげた、「自分の習慣にはないものを、野蛮《バルバリー》と呼ぶなら別だけれど、新大陸の住民たちには、野蛮《バルバール》で、未開《ソヴァージュ》なところはなにもないように思う。」というくだりになります。

さらにその少しあとで、モンテーニュは、野蛮ないし野蛮なものを、つぎのように定義します。

それは自然の法則にもっとも近い状態であり［…］[*10]。プラトンは、「すべてのものは、自然か、偶然か、人為の、いずれかによって作り出される。もっとも偉大にして、美しいものは、前二者のどちらかで、もっともつまらなくて、不完全なものは、最後のものによって作り出される」と述べている。つまり、新大陸の住民たちは、人間精神による細工をほんの少ししか加えられておらず、いまだに、彼らの原初の素朴さときわめて近いところにいるために、あのように野蛮《バルバール》であるものと思われる。われわれ人間の法律による変質をほとんど受けず、そこではいまだに、自然の法則が支配している。けれども、それがとても純粋な状態であるものだから、もっと早い時期に、われわれよりも、このことをしっかりと判断できそうな人々がいた時代に、彼らの存在が知られていたらよかったのにと、わたしは残念に思ったりもする。[*11]

そうです、スパルタのリュクルゴスやプラトンのような古代の偉大な変革者たちがこうした民族を知らなかったとは、なんと残念なことか――そうモンテーニュは言うのです。まさしく人為の流儀で法を制定し、私たちをそうして邪悪な道へと投げこむかわりに、おそらくはまだ別のふるまい方ができただろうにと。

そのあとには、こうあります。「われわれは彼らを、理性という尺度で、野蛮《バルバール》だと呼ぶことはできても、われわれを基準にして、彼らを野蛮《バルバール》だと呼べはしない――われわれは、あらゆる野蛮さ《バルバリー》において彼らを凌駕しているのだから。[*12]」

その少しあとにはこうあります。「これが、われわれと比較して、まさに野蛮《ソヴァージュ》な人間なるものの姿なのである――ここで《ソヴァージュ／野生》という言葉がふたたび現れます[☆5]――彼らが本当に野蛮なのか、あるいは、われわれが野蛮なのか、そのどちらかでなければいけないことになるではないか。それにしても、彼らの生活ぶりと、われわれの生活ぶりには、驚くほどの距離があるというしかない。」[*13]

そして最後の最後に、彼なくしては私たちもおそらく知りえなかった独自の資料、恋の歌「ディヴィネンバ」を引きながら、モンテーニュはこう言うのです、「この詩の発想には野蛮なところなどいささかもない。」[*14]と。

第一巻第二二章「習慣について」にも、つぎのような野蛮の定義があります。

野蛮人《バルバール》たちが、われわれにとって不思議だとしても、それはわれわれが、彼らにとって不思議なのと同様のことにすぎないのであって、たくさん理由があるわけではない。このことは、こうしたはるかかなたの実例に、あれこれと当たってみてから、自分自身の例にこれを当てはめて、きっちりと比較考量してみるならば、[*15]だれもが認めるのではないのか。人間の理性とは、われわれの考え方や風俗習慣が、いかなる形をしていようとも、それらのなかに、似たような比率で溶けこんでいる染料《タンチュール》なのであって、それは原料も、種類も無限のものなのだ。[*16]

さあ、以上すべての文章をまとめてみると、個々の引用箇所が内容としてぴったり重なるわけではなく、またつねに明確とはかぎらないにしても、それでも見分けはっくしかたで、野生と野蛮の定義にはけっきょく三つの異なる方法があることに気づきます。この三つは、明確な状態であれ潜在的な状態であれ、ひとしくモンテーニュの思想にみいだせるものです。そしてそのそれぞれが、社会学や民族学における省察がいずれたどることになる道すじのひとつを指し示しているのです。

第一の方法を定式化すれば、野生的なもの……野生であるものとは、自然法則の近くにあるもの、いまだ堕落せざるものだということです。この点は、「野生の人たちは、いまだ栽培されることで傷ついていない、野生の生物《なまもの》のようだ」[*17]と彼が記す箇所に、たいへんはっきりと表れています。

これこそ明らかに、ディドロらが後に表明することになる「良き野蛮人」説の、最初期の素描ということになります。

第二の思想的立場によれば、野蛮の観念は、理性の尺度で評価されるようないかなる社会にも属していることになりましょう。この点は、私が先ほど引用したつぎの一節をみれば、じつにはっきりするはずです。「われわれは彼らを、理性という尺度で、野蛮《バルバール》だと呼ぶことはできても、われわれを基準にして、彼らを野蛮《バルバール》だと呼べはしない――われわれは、あらゆる野蛮さ《バルバリー》において彼らを凌駕しているのだから」。

はい、仮に理性の基準に照らしてあらゆる社会が野蛮であるならば、そこからただちに提起される問題とは、これまで存在したいかなる社会とも異なる社会、それゆえ実現すればまさに合理的な社会となるはずの社会を築きあげることになるのです。第一の法則からは、「良き野蛮人」説への道がひらかれたのにたいし、ですから第二の法則は、いずれ社会契約の構築へと向かうことになるものです。

最後に、第三の思想的立場［があり、それは］とりわけ［第二］巻［第八］章に表れているのですが、[*18] これは第二の立場とほとんど相容れない内容です。つまり、理性の基準にしたがえば、じつはいかなる社会も野蛮と言うことはできない、どんな慣習にもそれなりの機能があり、また存在理由もあるからだというわけです。

そこで、第一巻第二二章の一節をもう一度引用しておきます。「人間の理性とは、われわれの考え方や風俗習慣が、いかなる形をしていようとも、それらのなかに、似たような比率で溶けこんでいる染料《タンチユール》なのであって、それは原料も、種類も無限のものなのだ」。

したがって、もはやここでいう理性とは、あらゆる社会的機能の外部に身を置いたうえで、それらをひとしく弁護しえないと、いやいずれにせよ、別々の理由を添えて弁護するわけにはいかないと判断するような理性ではありません。反対にそれは、信念や慣習のあらゆる型式の下層に横たわり潜在している理性であって、それらの型式に理性が宿ることは、その意味でつねに正当化されうるのです。そしてごぞんじのとおり、そもそもこうした姿勢が、けっきょくはモンテーニュの政治的・道徳的信条になっていきます。たとえば、「習慣について」の章でこの姿勢は露わとなるのですが、彼はそこで、あらゆる慣習の真に民族誌学的な資料収集とでも呼べそうな情報を驚くほど並べ立てて、考えうるかぎり最も矛盾する引用をそれこそ何ページにもわたって立て続けに書き継いだあと、それらがたがいの根拠を打ち消しあう様子を示しながら、私たちがあれこれの物事を信じるのはひとえに自分の生まれた場所と受けた教育に因るものであることを指摘します。その結果、慣習にたいするいかなる批判も、愚かしい所業となるのです。

じつのところ、モンテーニュがみずからに取り入れる現実的な姿勢は、ちょうどこれとは反対のものでした。つまり、ひとは自己の内側では、諸々の慣習にたいして大いなる全面的な判断の自由を保っていなければならないが、他者にたいしては、諸々の慣習を完全に尊重しなければならないという姿勢です。それは各人が守らなければならない鉄則であり、法の中の法であるのだと。

なぜでしょうか。では、なんとも予言めいた一節をここで引用してみましょう。彼はこの一節で、いってみれば現代の機能主義、さらには構造主義さえ予告しているからです。「いったん受容された法律は、それがいかなるものであっても、それを変えるとなると、そうして変更したときの弊害にくらべて、どれほど明らかなメリットがあるのかは疑わしいのではないのかという考えだ。なぜなら、ひとつの国家――これは社会秩序という意味です[☆6]――というのは、さまざまな部分をつなぎあわせた建築物のようなもので、そのひとつをぐらつかせると、かならず建物全体がぐらぐら揺れてしまうからである。[*19]」

つまり、ある民族の諸慣習は、一箇の全体をなしていて、そのなかのひとつの慣習を批判したところで無駄であることになります。ひとつを批判すれば、それ以外の全体が崩れるのであって、そのとき文化は、安定と進歩を保持するかわりに崩壊してしまうからです。

彼の思想における第一の方向軸が、良き野蛮人の説を導き、第二の報告軸が、合理的社会をゼロから築くという点で社会契約を導くとすれば、ですから第三の報告軸は、全面的な文化相対主義を導くことになります。私たちがここであらためて見いだすのは、いうまでもなく、現代民族学の諸学説が想定する三通りの文化であり、問題を検討する三通りの方法なのです。

この章については、もちろん他にも言うべきことがまだいくつもありましょうが、そのなかでも、モンテーニュがブラジルの野生人を記述しようとするときの方法は重要です。

モンテーニュが、レリーの原稿を部分的に知っていた可能性はあるかどうか、私はこの点を綿密に突き止めたくなりました——繰り返せば、レリーの著作はようやく一五七八年になって刊行されたので、それは、『エセー』第一巻・第二巻刊行の二年前ということになります。とはいえ、レリーの原稿は一五六〇年から一五七八年にかけて、あちこちではなはだしく無駄な月日を経てきたわけですから、モンテーニュが直接にせよ間接にせよ、原稿の一部を手にしていなかったなどとはおよそ考えられないでしょう。ただ、細部に若干目を向ければ、その可能性を完全に排除できるものと私は考えます。一例を挙げましょう。モンテーニュはこう言っていますね、インディオのところに最初にウマを連れてきた者は、「それ以前の旅の際には、彼らと幾度となく――その男は[☆7]――付き合っていたのに、騎乗という姿勢が、ひどく恐怖心をあおってしまい、その人だとわからないうちに矢を放たれて殺されてしまったという[*20]」と。

その点、レリーもまた、ウマのことを気にかけますが、彼はこう言うのです。

私個人としては、あちらに滞在中何度となく、是非とも未開人たちに馬というものを見てもらいたいと思ったものだが、この戦闘の際には前にも増して、何とか自分の両脚の間に駿馬が一頭いてくれたら、と痛切に思ったことだった。まったく、私が思うに、われわれの国の武士が駿馬にまたがり、手には短銃《ピストル》を握って、馬に跳躍をさせたり回転歩《パサード》をさせたりするところとか、あるいはまた、一方からは銃砲が火を噴き、他方からは人馬が怒り狂って押し寄せるといった光景を彼ら未開人が目撃したならば、彼らはとっさに、こりゃエニャンだ、つまり彼らの言葉で悪魔だ、と思うに違いない。☆8

つまり、モンテーニュのインフォーマントが、すでにブラジル沿岸部にいた到来済みのウマを語るのとは反対に、レリーの記述では、ウマがまだ現地にいないことになるわけで、この点をふまえれば、事実は食いちがいをみせているのです。

同じく、ブラジル・インディオの主食すなわちキャッサバについて、双方がどのようなしかたで語っているかを見ると、かなり驚くべきことがわかります。モンテーニュはこう述べます。「彼らはパンの代わりに、コリアンダーを漬けたような、なにやら白いものを食用としている。わたしも試食してみたが、なんだか甘くて、どうも風味に欠ける。」*21

ちなみに、「試食してみた」のひとことはじつに興味深い。この箇所や、少し先でモンテーニュが語るつぎの一文が証しているのは、ようするに、ブラジルを当時旅した者たちは、食べ物［のほか、さらに］いろいろな品物を母国に持ち帰っていたということなのです。「あちこちの場所で——とはいっても、特にわが家などで——、彼らのハンモックや、[*22]ロープ、木剣、戦《いくさ》のときに手先をおおう腕輪、ダンスのリズムをとるための、片方の端がぐっと開いている大きな杖などの、実際の形を見ることができる」[*23]。ここで言う杖とは、ですからバトンのことです。

こうした記述から私は、モンテーニュがすでに民族誌学的コレクションを所有していたと言いたくなります。

でもいまは、キャッサバの話へ戻ることにして、モンテーニュとはまったく異なるレリーの一節を、素直に引用しておきましょう。これが引用に値するのは、私が思うに、この一節こそフランス文学に初めて登場した、まさしくプルーストのマドレーヌにひとしい経験を描いているからです。

この生《なま》の粉も、粉から出る白い汁も、ちょうど長時間水に浸した混じりけのない上質小麦粉《フロマン》から採れた新鮮で液状の澱粉と、まったく同じ匂いがするのだ。そのために私は、かの地から戻ってのち、澱粉を生産している土地に行った時、未開人がこの粉を作っている時に彼らの家に常に漂っていたあの匂いを思い出させられたものである。☆9

この話題にしても、ふたりの書き手の語り口がまったく違うことがお分かりでしょう。逆に、ふたりが際立って似ているのは、当時で言うところの野生人の不節制と野蛮、特に人びとの大きな関心事であった食人慣習をまえにしたときの道徳的な反応です。レリーはこう述べます。

ただし、ブラジルの地なるあの野蛮な部族の間で、日々行なわれている、こうした怖ろしいことをお読みになる方々すべてが、同時に、こちら側のわれわれの間で行なわれていることについても、少しはまともに考えていただきたいというのが私の願いであるから、この点について私は申しあげておきたいことがある。その第一はこうだ。もしもわれわれが、わが肥満せる高利貸たちのしていることを真剣に考察するならば、彼らは私の語る未開人たちよりも遥かに残酷であると言わねばなるまい［…］。だからこそ預言者も言っている、かかる輩《やから》は神の民を大釜で茹でるが如く、その皮膚を生きながら剝ぎ肉を食い骨を潰す、と。第二にはこうだ。人肉を（世の言い方に従えば）実際に食い咀嚼するという獣的行為を問題にするというのであれば、こちら側のあちこちでそういうことが果してなかったであろうか。それもキリスト教徒の肩書付きの者たちの間で、イタリアと言わずその他の国と言わず、行なわれたことではないか。彼らは敵をむごたらしく殺戮するだけでは満足せず、その肝臓や心臓を食ってようやく心を満たしたではないか。詳しくは史書に任せるとしよう。それに、何も遠方まで探しに行かずとも、このフランスはどうだというのか。私はフランス人だ、それがこんなことを言うのは胸が潰れる思いがするが、一五七二年八月二四日パリで始まったあの血塗《まみ》れの悲劇の間に、責任のない人まで糾弾する気はさらさらないが、王国全土において犯された語るもおぞましい数々の振舞いの中でも、リヨンの町で、ソーヌ河から引上げられて未開人のやり方以上に野蛮で酷薄なやり方で殺害された人々の脂肪が、いちばん高い値をつけて競り勝った者に公然と売り渡されたではないか。何人かの死体から取った肝臓や心臓やその他の部分を、狂い騒ぐ殺戮者たちが食ってしまったではないか。地獄も震撼する振舞いとはこのことだ、云々☆10。

そしてこれと同じことを、ただしレリーよりも事実に近づけた書きぶりで、モンテーニュはこう述べるのです。

わたしが悲しいのは、彼らのやり方のなかに、おそろしいほどの野蛮さが存在することを、こちらが見てとるからというわけではない。われわれが、彼らのあやまちを正しく判断しながら、われわれ自身のあやまちについては、これほどまでに盲目であることが悲しいのだ。わたしからすれば、死んだ人間を食べることよりも、生きた人間を食べるほうが、もっと野蛮《バルバリー》なことだと思う。死んでから、それを焼いて食べるよりも、まだ感覚が十分に残っている肉体に、拷問や責め苦を加えて、引きちぎってばらばらにしたり、じっくりと火にあぶったり、犬や豚に嚙みつかせて、なぶり殺しにしたりするほうが、よほど野蛮なことではないか。このことを、われわれは書物で読んでいるだけではなく、この目で見て、なまなましく記憶にとどめている――それも、仇敵どうしのできごとなどではなくて、隣人や同じ町の住人どうしで、しかも、信仰と宗教に名を借りておこなわれているではないか。[*24]

それぞれの情報源はこのとおり違うのですが、ふたりの反応のしかたは同じであり、モンテーニュの立論はここでもまた、レリーがブラジルについて収集したような、カトリックよりもプロテスタント側からみた情報源を支えとしているのです。

ああ、私はこの章について、あまりに長々と、盛り沢山の話をしてしまいました、ここからは数分でも時間をとって、ぜひみなさまと討議ができればと願っております。

原註

☆1 講演転写稿は無記名で、「モンテーニュ『エセー』第一巻第三一章「人食い人種について」に関するレヴィ＝ストロース氏の講演」と題されている。原稿にたいして横方向に、手書きでつぎの記載あり。「無許可の録音、未修正の転写。」

☆2 希望号の船長だったビノ・ポルミエ・ド・ゴヌヴィル（Binot Paulmier de Gonneville）。

☆3 演者レヴィ＝ストロースの挿入発言。

☆4 *Histoire mémorable de la ville de Sancerre. Contenant les Entreprises, Siege, Approches, Bateries, Assuaux et autres efforts des assiegeants : les resistances, faits magnanimes, la famine extreme et deliverance notable des assiegez. Le nombre des coups de Canons par journees distinguees. Le catalogue des morts et blessez à la guerre, sont la fin du livre. Le tout fidelement recueilli sur le lieu, par Jean de Lery*, Genève, s. n., 1574.

☆5 演者レヴィ＝ストロースの挿入発言。

☆6 演者レヴィ＝ストロースの挿入発言。

☆7 演者レヴィ＝ストロースの挿入発言。

☆8 Jean de Léry, chapitre xiv（邦訳ジャン・ド・レリー「ブラジル旅行記」『大航海時代叢書 フランスとアメリカ大陸 2』二宮敬訳、岩波書店、一九八七年、二一八―二一九頁。

☆9 Jean de Léry, chapitre ix（レリー、前掲書、一四四―一四五頁）。

☆10 Jean de Léry, chapitre xv（レリー、前掲書、二三五―二三六頁）。

訳注

＊1 ミシェル・ド・モンテーニュ「人食い人種について」『エセー 2』宮下志朗訳、白水社、二〇〇七年、五九―六〇頁。

＊2 正確にいえば、ヴィルガニョンがブラジルに渡航した時点で、入植地のグワナバラ湾沿岸部（現リオ・デ・ジャネイロ）はフランス領でなく、ポルトガル領内の支配の空白地帯であった。詳しくは本書末尾の付論を参照されたい。

＊3 ミシェル・ド・モンテーニュ「馬車について」『エセー 6』宮下志朗訳、白水社、

二〇一四年、二五三―二五四頁。

＊4　モンテーニュ「人食い人種について」六三頁。

＊5　編者デヴォーの註記に記載はないが、この箇所も『エセー』原文ではなく、演者レヴィ＝ストロースの挿入発言。

＊6　モンテーニュ「人食い人種について」六三―六四頁。

＊7　テヴェとレリーは、実際にはブラジル入植地で対面していない。詳しくは本書末尾の付論を参照されたい。

＊8　モンテーニュ「人食い人種について」六四―六五頁。

＊9　モンテーニュ「人食い人種について」五九頁。

＊10　この語句だけ、言及対象の三つの文章に原文が見当たらない。この一節の主旨にかんするレヴィ＝ストロース自身の要約か。

＊11　モンテーニュ「人食い人種について」六五―六六頁。

＊12　モンテーニュ「人食い人種について」七二頁。

＊13　モンテーニュ「人食い人種について」七六頁。

＊14　モンテーニュ「人食い人種について」七八頁。ただし、レヴィ＝ストロースの引用

invention：この創作には》と誤記している。

は、『エセー』原文の《en cette imagination：この詩の発想には》を、《dans cette invention：この創作には》と誤記している。

＊15 「比較考量する」の原文《conférer：照合する》について、レヴィ＝ストロースは講演中、それが「比較する」の意味であることを聴衆に分かりやすく伝えているが、宮下志朗訳では、これがすでに「比較考量する」という的確な訳語になっているため、演者レヴィ＝ストロースのごく短い挿入発言を本書訳文からは省略した。

＊16 ミシェル・ド・モンテーニュ「習慣について。容認されている法律を安易に変えないことについて」『エセー1』宮下志朗訳、白水社、二〇〇五年、一八二頁。

＊17 この一節は、言及対象の三つの文章に原文が見当たらない。

＊18 講演転写稿のうちでも表記の不鮮明な箇所を示すカッコを添えてここで記されている『エセー』第二巻第八章「父親が子供に寄せる愛情について」には、この点に関するモンテーニュの言及がまったくみられない。前後の文脈から判断して、これは『エセー』第二巻第一二章「レーモン・スボンの弁護」の誤記ではないかと推測される。同章からうかがえるモンテーニュの思考については、本書末尾の付論を参照されたい。

＊19 モンテーニュ「習慣について。容認されている法律を安易に変えないことについて」

一九四頁。
＊20 モンテーニュ「人食い人種について」六七頁。
＊21 モンテーニュ「人食い人種について」六八頁。
＊22「ハンモック」の原文《lits：ベッド、寝台》について、レヴィ＝ストロースは講演中、それが「ハンモック」の意味であることを聴衆に分かりやすく伝えているが、宮下志朗訳では、これがすでに「ハンモック」という的確な訳語になっているため、演者レヴィ＝ストロースのごく短い挿入発言を本書訳文からは省略した。
＊23 モンテーニュ「人食い人種について」同頁。
＊24 モンテーニュ「人食い人種について」七〇―七一頁。

レヴィ＝ストロース（一九〇八―二〇〇九）――略歴のポイント

一九〇八　ブリュッセルにて出生（一一月二八日）。
一九二六　フランス社会党（ＳＦＩＯ）社会主義学生集団（ＧＥＳ）に加入。
一九三二　フランス南西部モン＝ド＝マルサン市のリセ・ヴィクトル＝デュリュイに哲学教諭として着任。
一九三五　社会党への最後の党費納入。ブラジル渡航。
一九三六　初の民族誌学調査（カデュヴェオ、ボロロ）。
一九三七　短期のパリ帰省。
一九三八　二度目の民族誌学調査（ナンビクワラ）。
一九三九―一九四〇　動員。敗走を経験。
一九四一―一九四四　ニューヨーク亡命。アンドレ・ブルトンとの出遭い。フランツ・ボアズ、ロバート・ローウィとの出遭い(アメリカ先住民・北西海岸美術を見いだす)。新社会研究院の講師に着任。

一九四八　フランス高等研究実習院第六部門(社会科学高等研究院の前身)の講義初年度。

一九四九　ユネスコへの協力。

一九五五　『悲しき熱帯』刊行。

一九六〇　コレージュ・ド・フランス教授就任記念講義(社会人類学講座創設)。

一九七三　アカデミー・フランセーズに選出。

二〇〇九　パリにて死去(一〇月三〇日)

＊原書末尾に付されたこの簡略な年譜に、情報の補足や追記をあえて行わなかった(訳者)

付論　南方の澱――レヴィ＝ストロースとモンテーニュ

真島一郎

だから私はたった一人でも、長い期間、旅をすることができたのだろう。なぜなら、一人で旅をしていたわけではないからだ。

バルガス＝リョサ『密林の語り部』

本書『モンテーニュからモンテーニュへ』のフランス語版原書は、二〇一六年にパリで刊行された（Claude Lévi-Strauss, *De Montaigne à Montaigne* (Edition établie et présentée par Emmanuel Désveaux). Paris: Editions de l'École des hautes études en sciences sociales, 2016）。ここに採録されたレヴィ＝ストロースのテクストは、未定稿にとどまるふたつの講演録にすぎない。かたや事後の字句修正もなされることなく、やがて本人さえその存在を忘れ去ったとおぼしき講演当日の速記録であり、かたや当日の聴衆が許可をえずに残した音声記録の不完全な反訳にすぎない。しかも、ふたつの言述の繋がりは、じつに半世紀以上におよぶ時のへだたりに閉ざされているかのようである。

第一講演のなされた一九三七年一月とは、彼が『親族の基本構造』刊行（四九年）をはるか先にひかえ、民族学徒としてのデビュー論文「ボロロ・インディアンの社会組織研究への寄与」（三六年）をつい前年に学術誌上で発表したばかり、レヴィ゠ストロース弱冠二八歳の時点である。いっぽう、九二年四月の講演に登壇するのは、『神話論理』四部作（六四―七一年）を疾うに完結し、いまや『大山猫の物語』（九一年）で神話研究の壮大な円環を閉じた翌年、齢八三歳の彼である。

ひとりの研究者が長きにわたる生涯を懸けて伐りひらいた思考の道のりを、たがいに孤立するかのようなふたつの未定稿がその発端と終着点でそれぞれいかに跡づけられるかを問う以前に、本書で大胆にも試されているのは、二度めの世界戦争が勃発する前夜と、「冷たい戦争」の終結直後、二〇世紀におけるふたつの時の並置でもある。のみならずまた、『モンテーニュからモンテーニュへ』という魅惑的な表題のもと、冷戦後の第二講演には「モンテーニュへの回帰」と事後に名ざせるだけの内実がたしかに具わるものの、戦間期の第一講演でモンテーニュの存在が明示的に言及されるのは、わずか一段落でしかない。みたところ本書の構成はいかにも、また幾重にも謎めいている。

レヴィ゠ストロースは、七〇歳をこえたあたりから――ことに一九八八年刊行の対談記録『遠近の回想』で――、幼少期、青年期の記憶をつとめて慎重に語りはじめていた。社会主義に熱情を注いだ十代後半から二十代にかけてのテクスト群を掘り起こす作業も含め、知の巨人がたどった思考の全足跡を跡づけようとする考察はその後、彼の生誕百年に時をあわせたプレイヤード版著作集の刊行（二〇〇八年）や、翌〇九年の死去に際し、フランス内外であまた積みあげられてきた。歴史家エマニュエル・ロワイエが、故人の遺した膨大なアルシーヴを掘り起こし、レヴィ＝ストロース夫人をはじめとする関係者への聞き取りを丹念に重ねたすえ、二〇一五年に満を持して発表した圧倒的な評伝——同年のフェミナ賞受賞作——は、没後のレヴィ＝ストロース研究にとり大きな節目となったように思われる（Loyer 2015）。

ロワイエの評伝が依拠した主要なアルシーヴのなかには、遺族の意向によりそれまで閲覧不可とされてきたフランス国立図書館収蔵の「クロード・レヴィ＝ストロース・コレクション（fonds Claude Lévi-Strauss, NAF28150）」があった（Loyer *op.cit.*: 12, 765, Keck 2016: 910）。総計二六一の文書保存箱に収納されたこの私文書の大海から、過去のいかなる評伝にも言及のなかった未知の講演記録二篇を発見したのは、ひとえに本書を編んだ人類学者エマニュエル・デヴォーの功績である。

デヴォーは、生前のレヴィ＝ストロースとの長い交流をつうじ、一九七〇年代末から八〇年代前半にかけて北米先住民オジブワの現地調査を手がけたのち、構造主義に固有の思考をみずからの研究テーマとして発展させ、故人が遺した大量のフィールドノートの解析作業にも着手してきたこの道のスペシャリストである。その彼が、フランス社会科学高等研究院教授として、本書の版元にあたる同研究院出版会の編集主任に選ばれたのは、二〇一四年であった。デヴォーはその際、前任者から引き継いだオーディオグラフィのラインップに、レヴィ＝ストロースの一書を加える企画を着想した。オーディオグラフィとは、既往の名だたる知識人が大学の講義や各種講演会、会見、インタヴューなどの席上で口頭により発言した記録を活字に採録したシリーズ物の叢書である。かねて親交のあったレヴィ＝ストロース夫人モニクにデヴォーが打診したところ、企画は歓迎され、国立図書館の書庫に収蔵されているアルシーヴ閲覧の許可も得ることができた。

デヴォーはさっそく、館内資料のうちでも「講演」や「ラジオ」と表書きされた文書箱を中心に、アルシーヴ精査の作業にとりかかった。そして、とある文書フォルダに、三七年講演の紙片群――この時点で講演の開催年はいまだ不明だった――を発見する。出版企画の趣旨に照らせばまたとない内容の講演ではあったが、これのみで一書とするにはテクストの分量が足りない。そこでべつの講演録も探索した結果、彼はようやく九二年講演の関連文書群――講演の日時は記されていたが会場は不明だった――に行き当たる。じっさい、これら二篇のテクスト以外、ほとんどの講演関連文書は、事前の下書き程度の内容にとどまっていた。コレージュ・ド・フランスやアカデミー・フランセーズの就任講演のように、学史の重要な一場面となる登壇の機会でないかぎり、レヴィ＝ストロースは平素どの講演についても、必要に応じて手持ちメモを事前に用意しておく程度で、あとは当日の会場で即興のまま語ることを好んでいたからだという（Désveaux & Lins 2020: 326-328）。

＊

本書序文からもうかがえるように、ことごとくがアモルフな紙片の集塊からふいに出現したふたつの講演録は、出版体裁上の事情をはるかにこえ、世紀をまたぐ強靭な思想への対峙としてまたとない存在になったとデヴォーは考える。このうち三七年講演からは、若き日のレヴィ＝ストロース――正確にはブラジルへ渡航したのちナンビクワラとの出遭いをはたす直前の彼――に、伝播主義期と呼べそうな短い季節のあった事実が明らかとなる。もう一方の九二年講演は、コロンブスのアメリカ到達五百年とモンテーニュ没後四百年に際しての重要な発言記録のひとつであるうえ、なによりレヴィ＝ストロースが聴衆を前にして生前最後に行った講演のひとつにあたる。時をへだてたふたつの語りを一書に併載すれば、発言者自身の裡に長く秘め置かれてきた思考の力線を、テクストの読み手はかつてない視座から感受しうるのではないか。とりわけ、「ルソーに始まりモンテーニュで終わる」とされてきた従来のレヴィ＝ストロース理解に再考をうながす契機がこの企画に孕まれているのではないか。知られるように、最晩年一九九〇年代のレヴィ＝ストロースは、『大山猫の物語』にかぎらずその前後の発言においても、モンテーニュへの明確な回帰を示していた。しかし、知識人としての終着点のみならず発端においても、たとえば彼が独自のしかたで表明した文化相対主義の主張において、当時の人類学的伝播論が何らかの啓示を届けていたとすれば、長きにおよぶ彼の知の道程を「モンテーニュに発してモンテーニュに到るもの」（本書九頁）として捉えかえせるのではないか。より精確にいえば、真正性という共通の基盤に立ったルソーの他者観とモンテーニュの他者観とのあいだで、二〇世紀の構造主義者はたえず興味ぶかい振幅をみせてきたのではないか。本書の編者デヴォーが読み手に向けて投げかける一連の問いは、おおむねこのようなものとなるだろう。

『モンテーニュからモンテーニュへ』——どこか循環めいた魅惑の合言葉を呼び水として、本書からさらにいくつもの共鳴が聞こえたように感ずるのは、しかしひとりの読み手としての訳者だけだろうか。レヴィ＝ストロースというテクストの運動が早くからモンテーニュに貫かれていたとの直観に従えば、たとえば、人類学者の思考における革命と倫理の連関をいかに捉えなおせるだろう。かたや知の発端にあたって、社会主義からの離脱との危うい均衡のもとで表明された「革命的な学としての民族誌学」の射程と、かたや知の終着点にあって、あの「双子の不可能性」に収斂していく開放系のエシックスとは、モンテーニュの光学に照らせばいかなる連関の糸で繋がれることになるだろう。さらにまた、二つの講演録の思い切った連結からなる本書の響胴からは、折り重なる共鳴のその先に、四世紀後の「新世界」来訪にかつて強い感慨を禁じえなかった人類学者の生の深部で、いちども語られぬまま暗い遮蔽のなかに留め置かれてきたかもしれない沈黙の残響さえ、かすかに感受されてこないだろうか。

＊

I　伝播と転轍

レヴィ＝ストロースが社会主義の活動に熱情を注いだのは、十代後半から二十代半ばにかけて、戦間期一九二五〜三三年のほぼ九年間である。父の親友だったベルギー人のとある社会主義者から、一六歳の彼はマルクスやプルードンの思想にかんする懇切な手ほどきを受け、ベルギー労働党の若手活動家にも引き合わされた。まもなくこの繋がりは、高校の哲学の授業でレヴィ＝ストロースの提出した課題論文「グラキュス・バブーフと共産主義」が二六年、同党出版局から刊行されるまでの蜜月ぶりとなる。この年彼はフランス社会党に加入し、以後は党傘下の社会主義学生団体ＧＥＳで精力的な活動をはじめるかたわら、代議士ジョルジュ・モネの政策秘書も務めるようになった。自分はやがて「社会党の哲学者」となり、哲学の伝統とマルクスの政治思想を架橋しようと真剣に考えていたことを、後年の彼は述懐する(レヴィ＝ストロース＋エリボン 一九九一：二五、三四―三五)。

本書一九三七年講演の企画を立案したジョルジュ・ルフラン(本書七六頁原注1)との交流も、レヴィ＝ストロースがマルクスの洗礼をうけた直後から始まっていた。いまだエコール・ノルマルの受験準備課程に通う高校生だった彼に声をかけてGESに引き入れたルフランは、党の出版事業をつうじ、ボリシェヴィスムの教条主義とは一線を画した新たな社会主義の理論化を模索する、若手活動家の中心的な存在だった。レヴィ＝ストロースは、『社会主義学生』誌の書評担当として二八年から通算一七篇の論評を同誌に寄稿する過程で、きたるべき社会主義による「建設的革命」の理路をめぐって、四歳年上の同志ルフランとの対話を重ねていく[1]。その間に彼は、ノルマリアンとなる道を断念してパリ大学に進み、アグレガシオンの合格をへてリセの哲学担当教諭に着任していた。そして社会主義期の後半に、彼は民族学という新たな知のもつ強烈な魅力にふれるのだった。

「[…]一九三〇年頃、若い哲学徒たちの間では、民族学という名の学問があって、学問として市民権を得つつあるらしい、ということが知られ始めていました[…]私は当時、英語で書かれた民族学の著作を一、二冊読んでいました。とくに、ロバート・ローウィの『原始社会』に、私は圧倒されました〔…〕その本のなかに、私は今まで自分が受けてきた専門教育と、生来の冒険心を調和させる道がある、と予感しました〔…〕ブラジルに行く気になったのは民族学をやるためでした〔…〕私がフィールド民族学を発見したのは、イギリスとアメリカの学者を通じてでした〔…〕もうすっかりアングロ＝サクソンの民族学にいかれていたのです」(前掲書：三六—三七、四二—四三、表記一部変更)

当時の彼が「圧倒された」とまでいう著作の書き手ローウィは、フランツ・ボアズ門下で北米先住民に関する数々の民族誌的考察を発表したほか、単系進化説を厳しく論難したことで知られるアメリカの文化人類学者である。一九二〇年にローウィが刊行した人類学概論書『原始社会』の原題は、本書三七年講演でレヴィ＝ストロースが独自に再規定を試みる《Primitive Society》、すなわち「未開社会」にほかならない。

この一書にふれた一九三三年をもって、彼は『社会主義学生』誌への寄稿を終えている。そして翌三四年秋には、新設まもないサンパウロ大学の社会学講師着任への誘いにふたつ返事で飛びついてリセ教員の職を辞し、早くも三五年二月にはブラジル渡航をとげていた。はじめは「ブラジルも南アメリカも、私にとってたいした意味をもってはいなかった」

（レヴィ=ストロース 二〇〇一a：六二）し、民族学の授業にはこれまで出たこともなかったけれども、それでも自分は民族学者になろうと思っていたのだと、本人は語る。二六歳の彼は、このときみずからの社会主義的信条と、民族学を志す大西洋越えの移動とのあいだに、いかなる折り合いをつけていたのか。個体の生の来歴をめぐるこの種の問いに単一の説明をあてがうふるまいには、はじめから無理があるだろう。(2) しかも、ブラジル調査を終えた三九年の彼にはすぐさま大戦下の動員が待ち受けており、動員解除後四一年の亡命先アメリカでは、ヤーコブソンとの決定的な出遭いから霊感をえた『親族の基本構造』の執筆が、じつにパリ解放以前から着手されている。それだけに、空白の数年間に属する本書三七年講演のもつ意味は、たんに未発表の発言記録だからという以上に、特異な転轍をとげた彼の「革命的意志」の持続ぶりや、伝播主義の過渡的な――その意味では生々しくもある――摂取のようすがうかがえる点で、やはり大きい。

レヴィ＝ストロースの三七年講演は、彼がサンパウロ大の冬の休暇を利用してパリに四カ月間もどった折に実現した。カデュヴェオとボロロの調査を前年にすませ、民族学のデビュー論文も発表した時点での一時帰国のねらいとは、調査で蒐集した民族誌資料の展示をはじめ、講演、雑誌への寄稿などをつうじて、新進の民族学者たる自己の存在を斯界に知らしめ、今後の調査資金を獲得することにあった。民族誌学の動向を演題の一部とする三七年講演も、一見この目的のうちにあるようにみえる。しかし、彼に声をかけたのは社会主義の同志ルフランであり、聴き手はフランス労働総同盟の関係者である。党の活動から距離を置こうとしている自分が、その彼らをまえに革命を語りなおす空間は、学界とはべつの緊張を帯びずにいない。しかもフランスの政治情勢は、彼の不在中に急展開を告げていた。反ファシズムで糾合する人民戦線が三五年六月に事実上成立し、翌年六月には社会党のブルムを首班とする人民戦線内閣が発足していたからである。しかも、数年前まで自分が政策秘書を務めていた代議士モネはブルム内閣の農相に就任している。異郷ブラジルで日々の外電にふれる彼の心中はおだやかでなかった。

「[…]その年、彼〔註：モネのこと〕は人民戦線政府の大臣になりました。彼が私を呼び戻してくれるものと私は期待していました。しかしどうやら私の昔の同志たちは、自分たちの勝利に酔って、私のことを忘れているようでした。それに、さまざまな出来事があり、私の人生も新しい方向に向かうというようなことがありましたし、あれやこれやで……」（レヴィ＝ストロース＋エリボン 一九九一：一〇五）

そもそもブラジル行きの話が彼に舞いこんだのは、当時の指導教員ブーグレからかかってきた一本の電話によってであった。一九三四年にかかってきた電話と、三六年にかかってこなかった電話。ただし電話をめぐるこのほろ苦い挿話をもって、だから彼は政治に失望して民族学を選んだものと臆断すべきではなく、すでに民族学を志しながらもそれと並行して母国の政情に思いを寄せていたことを取り違えてはならないと、たとえば先のロワイエは指摘する（Loyer 2015 : 119）。しかも、社会党の若手活動家にはブルムの路線をいささか酷評するきらいがあった一方で、レヴィ＝ストロース個人はブルムの熱烈な支持者であった。そのブルム内閣が経済政策の破綻からあっけなく失速しようとする時点で、一般労働者への教育活動を地道につづけるかつての同志らへむけて、[3]彼は革命的な学としての民族学といういささか唐突にもみえるメッセージを届けなければならなかった。

＊

レヴィ＝ストロースの三七年講演の基調は、進化主義の否定と、伝播主義的思考の積極的な評価にあった。とはいえ、人類学史における進化主義の隆盛は一九世紀後半であり、戦間期三〇年代後半といえば、機能主義の幕開けをつげるラドクリフ＝ブラウンとマリノフスキーの記念碑的なモノグラフ刊行から優に一五年が経過している。講演者の論調は、当時の目でみてもやや古く、今日の私たちにとってはなおさら古めかしい。このときの講演が人類学とは畑ちがいの聴衆を相手にすることへの啓蒙的な配慮もたしかに働いていただろうし、進化主義の底流にひそむレイシズムや自民族中心主義との関連でいえば、たとえばニュルンベルク法が隣国ドイツで一年あまり前に制定されたばかりだった時局のもつ緊迫感も、想起しておく必要はあるだろう。ただ、むしろこのテクストの価値とは、レヴィ＝ストロースにおける最初期の中継点として、一過性の「伝播主義期」がなにを意味していたかを、思想の根底から再考しうる点にある。また、いっそう重要な価値として、狭義の社会主義から大きく転轍をとげたのち、彼の人類学的思考に深く刻印されていくような、こういってよければ独自の「革命」観の原像を、このテクストは伝えてもいるだろう。

講演冒頭で、民族学なる学の紹介とその革命性について予示的にふれたあと、レヴィ＝ストロースが最も時間を割くのは、未開概念の再考を皮切りとする、進化主義への徹底した攻撃であった。社会主義と人類学を繋げなければならない講演の場で、この話題の選択が意味を帯びるのも、一九世紀来の社会思想で「進化」と「革命」の主題がじかに連結してきたためであり、彼はこの連結の解除をはかる。その第一の補助線として、タイラーによる古典的な「文化」規定、すなわち人類学でいう文化とは、知識、技術、信仰、道徳、法、慣習など、人間が特定の社会の一員として獲得する事象の総体を指すという規定が聴衆に紹介される。レヴィ＝ストロースが以後も好んで引用したタイラーの定義は(4)、特定の事象領域を社会進化の最終審級とみなしてきたような決定論を打ち消す種子を、原理としてはたしかに宿していた。とはいえ、モーガンの『古代社会』からエンゲルスの『家族、私有財産および国家の起源』へと引き継がれつつ硬直化していった——典型的には晩期マルクスの「ザスーリチへの手紙」など一顧だにしない——史的唯物論のドグマを突きはなす発想ならば、たとえばタイラーより身近な場で十年あまり前に発表された『贈与論』の「全体的社会事象」を例示することもできたのではないか。人文地理学が主張する技術・環境決定論への反駁として、モースが「エスキモー諸社会の季節的変異に関する試論」を発表したのはそれより以前、世紀初頭のことである。人類学の進展ぶりをふまえて進化主義の理説を斥けたければ、さらに文化諸領域の相互「機能」連関をめぐるイギリス社会人類学の展開を紹介することさえ、講演の年代に照らせば不可能ではなかったはずである。それにもかかわらず、「単純化しすぎた進化論的基準」ではない「民族誌学における真の革命的射程」（本書五七頁）を具えた方法論としてレヴィ＝ストロースの選びとったのが、ほかでもない伝播主義なのであり、その点にこそ、おそらくは彼だけの独創的な着眼の在処が予感されてくる。

人類学の伝播主義は、おおむね一九世紀末から二〇世紀前半にかけて勢いのあった思潮であり、とくにドイツ・オーストリア系の「文化圏」説では、広大な規模における文化の史的再構成が試みられたものの、理論と事実のあいだにまもなく破綻が生じ、衰微していったことで知られてきた。ただ、当時のレヴィ＝ストロースが影響を受けたアメリカ民族学では、北米先住民の特定社会における文化要素の分布研究が堅実な知見をもたらしていた。伝播現象に片寄せて壮大な仮説構築をもくろまないかぎり、人間の歴史における文化要素の伝播そのものは、疑うまでもない事実である。

本書の三七年講演で紹介される伝播主義は、今日からみればあまりに素朴な理説というほかないが、文化伝播に着目するこの学派の特別な視点を、やがて彼みずからが彫琢し、思いがけない彩りに塗りかえていったという意味で、「伝播主義期」というつかのまの里程標がやはり彼には必要だったと想像してみよう。じっさい伝播という着眼点には、それなりの強みがあった。たとえば、伝播論のあとに登場する機能主義者たちは、伝播論が進化論と変わらぬ要素主義に陥っていると批判した。しかし、ボアズやクローバーが伝播研究をつうじて文化の本来的な雑種性に目を向けることができたように、複数の社会を横断した文化要素の分布状況を幾重にも積みかさね、対比させていく伝播論の分析手法には、一個の社会における文化要素間の閉じた機能連関をさぐる視線よりもずっと風通しのよい眺望が広がっていた。晩年のレヴィ＝ストロースが語るつぎの一言には、伝播という視点のもとで三七年講演の演者が——後述する『人種と歴史』を経由して——最後にたどりついた地点が、ごく簡潔に表れているかのようである。

「単一文化、というのは無意味です。そのような社会はかつて存在したことがないからです。すべての文化は攪拌と、借用と、混合から生まれたものです〔…〕有史以来そのことに変わりはありません。その形成という点から見て、どの社会も多文化的性格のものなのですが、そのようにしてそれぞれの社会が長い年月をかけて一個の独自の総合を行ってきたのです」（レヴィ＝ストロース＋エリボン 一九九一：二七三）

三七年講演で表明された伝播主義への素朴な評価は、だがおそくともアメリカ亡命後のヤーコブソンとの出遭い（一九四二年）を契機に、つぎなる飛躍へ向けてたちまち乗り越えられていく。三七年講演では「数千年をまたぐ人類史の連続性を少しずつ復元していける」（本書七二頁）との熱い期待が寄せられた伝播主義も、『親族の基本構造』を執筆する彼にとっては、もはや進化主義とおなじく説明原理としての効力を失っている。だがその一方で、伝播という現象自体の重要性は、「構造的伝播 diffusion structurale」（Da Cunha 2012: 23）とでも呼びうる革新的な発想のもとで、彼の思考に引き継がれていった。

他者とのコミュニケーションをつうじて、文化は攪拌と借用と混合に彩られるがまま、たえず生成変化をとげていく。レヴィ＝ストロースのいう神話の「構造」においても、他者から借用した要素ないし要素間の関係は、論理上の変形をこうむりながら構造の一部に変換され、その結果として構造それ自体も、不変の特性を保ちながら更新されていく[5]。とはいえ、厳密にいえばこうしたまとめかたも、彼のいう「構造」については必ずしも適切な説明になっていないことを急いで確認しておこう。構造主義の感性が想定する伝播と、古典的な伝播主義が探究してきた伝播とのあいだを走る最大の亀裂は、伝播の起源も方向も、前者においてはまったく問題にならない点にある。いや、問題にならないというより、構造に生じる変換とは、通常の「歴史」でいう「変化」の語彙では言語化しえない、あくまで共時態の圏域で知覚される何ごとかである。したがって「構造的伝播」においては、あれこれの伝播の「歴史」的プロセスを復元する説明に欠かせないはずの起源や方向をめぐる問いは、すでに原理的な次元から不在を画している。加えてこの発想は、文化間の比較に際して絶対的な基準点を設定しない、レヴィ＝ストロース固有の文化相対主義とも連動していた。構造主義の根幹をなす文化間のコミュニケーションへの注目が、早くも一九三七年時点から、彼のうちで伝播の問いとして萌芽的に開始されていた事実を、私たちはこの「伝播主義期」のテクストから知ることができるのである。

さらにこの講演では、進化主義の欺瞞ぶりをあかす決定的な論拠として、「最小の見積りで一二万五千年間つづいた人類の発達のうち［…］人類は一〇万年間、きわめて単純で粗略なタイプの石器加工をひたすら繰り返した」（本書六三―六四頁）事実があげられる。ところがその後、人類の技術文化には突発的な飛躍が生じ、一〇万年の停滞は断ち切られた。この事実に照らせば、個々の文化による規則的かつ内発的な進化プロセスを憶測した進化主義の説明能力は失効する。むしろ内発とは逆に、文化は「借用がなされるかぎりで地上に発展していく現象として捉えなければならない」（本書七二頁）ことを講演者は力説する。人類文化のあらゆる多様な中心がたがいに創作物を交換しないかぎり、人類には変動も進歩も自己変革も不可能であり、交換に背を向けて孤立する社会を揺り動かすには、「異民族との接触という小震動のおびただしい積み重ねが必要である」（本書七五頁）。ならば、なぜ特定の地域で、あるとき技術文化の驚くべき飛躍が突発したのか。飛躍をもたらした「例外的な刺戟」（本書六五頁）とはいったいなにか。文化の優劣にかんする判断さえ左右しかねないこの重大な問いへの回答を、彼は戦後の省察に持ち越していく。

『親族の基本構造』と『悲しき熱帯』刊行のはざまにあたる一九五二年、レイシズムの阻止をつうじて戦後世界の再建をめざすユネスコの求めに応じ、レヴィ＝ストロースは『人種と歴史』を発表した。人種間の不平等という課題は、文化の多様性をめぐる問いに直結している。そう語りはじめる彼は、一面でたしかに三七年講演の進化主義批判を思考の起点に置いていた。だがいまや伝播は、すでに正統伝播主義ならぬ構造的伝播への変質をとげつつあった。いわく、文化の諸要素を細分化したうえで各要素の起源を詮索したり、どの文化がそれを発明したかの「先取権」を見分けたりするほど不毛な身ぶりはない。諸文化の真の独創性とは、個別の発明品の一覧表にあるのではなく、それぞれの文化が諸要素をどのようにまとめ、価値を序列化していくかという「遠近法」の独自の様式、あるいは文化間で相互に提示される「差異化する隔たり」にあるからだ。(6) この相互提示の機会が、場合によっては伝播や借用を、そして異文化との協働や「提携」を引き起こしていくのだから、じつのところ文化の多様性とは、「集団を結びつけている諸関係の関数」(レヴィ=ストロース 二〇一九a:三四)にひとしい。特定の文化が発展に向けた連鎖反応をどれだけ累積させていくチャンスを得るかは、当の文化と協働関係にある文化の数がいかに多く、また多様であるかに懸かっている。(7) 逆に、文化の十全な発展をさまたげる唯一の条件がもしあるとすれば、それは文化が単独で孤立している状態以外にはないのだと。

レヴィ=ストロースはこうして今や、三七年講演では深追いをしなかった問い、西洋の文化的優越に関わるあの「例外的な刺戟」をめぐる問いへの回答を試みる。人類の長い歴史をつうじて、規模や普遍性、結果の重大さなどからみて革命と呼びうる文化的飛躍はこれまでわずかに二回、新石器革命と産業革命として生起した。西洋の発展はこのうち後者の恩恵によるものであるが、触媒の作用によって化学連鎖が生ずるように、伝播、借用、提携、協働をつうじて特定の文化地域が多数の発明を一定の時間幅で集中的に蓄積・統合する過程は、ごく稀にしか起きえない。したがって人類文化の進歩は、階段を一段一段着実に上っていく歩行者のイメージではなく、床《ゆか》の絨毯に振り投げるたびに複数の骰子《さい》がそのつど異なった目を出す場に立ちあう、賭博師の姿でイメージするほうが相応しい。一回の投擲でうまく出た骰子の目も、次の投擲しだいでは台無しになる。逆に複数の骰子――いったいどれだけ多くの骰子を想像すればよいのだろう――の目の結果が、はてしもなく成功しつづけるケースは、まったく稀にしか起きえない。しかし、このことを逆からいえば、偶然の奇跡的な連鎖がつづいた結果、産業革命とおなじ程度に「蓄積的な性格をもった別の革命が、別の場所で、別の時期に、ただし人類の活動の別の領域で起こりえたことを忘れてはならない」(同：七八)。したがって、文化の累積性とは「確率計算の分野に属する」(同：八一)偶然性の連鎖のたまものでしかなく、特定の文化がそれ自体の本性として他の文化より優っていると断言するほど不条理なことはないと、彼は結論づけるのだった(8)。

人類の文化に生じた、ふたつだけの革命とその確率論。ただし、『人種と歴史』の書き手が便宜的に絞りこんだのは、人類にひらかれた数ある進歩のうちでも「技術的進歩」に限った論述であり、そのかぎりでの「ふたつだけ」である。直近の引用にあるとおり、彼はだからこそ、これとはべつの革命が「人類の活動の別の領域」で起きえた蓋然性について、読み手の想像力を惹きつけようと努めていた。すぐれてモンテーニュ的な他者の問題圏へとレヴィ＝ストロースが踏みこむのは、このときである。われわれと似かよった方面で発展し、われわれの価値づけにも適合するために、われわれが意味をみいだせる累積をなしとげた社会については、なるほど正当な評価をくだすこともできるだろう。だが、その価値のいっさいが観察者の関心をひかないタイプの文明には、われわれもそこに不動性の外見しか認識できないために、侮蔑的な停滞の烙印を押しかねない。特定の文化に対する累積ないし停滞の判断は、その文化の現実ではなく、われわれの他者理解の根底にひそむ「自民族中心主義的な遠近法」（同：五六）がなせる業である。それゆえ性急な他者「理解」へと踏みきるまえに、われわれはまずおのれの無知を、つまり異文化がじつに多様なしかたで自文化とは異なり、そうした差異の最終的な性質は捉えがたく、「どのように努力しても不完全にしか理解できない」（同：九一）ことを坦懐に認めるべきなのだと彼はいう。

『人種と歴史』で最も知られる警句、「野蛮人とは野蛮が存在すると信じている人のことなのだ」には、「自分の習慣にはないものを、人は野蛮と呼ぶ」という『エセー』の言葉を想起させるところがある。非西洋の他者を見くだす表現として進化主義者が「野蛮」とともに用いてきた「未開」について、レヴィ＝ストロースは三七年講演の時点から、これを恣意的な価値判断によらない学術上の概念として鍛えなおそうとしていた[9]。ことに単系進化説の虚妄を衝く準備として、アメリカの未開諸社会のように「社会制度が私たちの知るものとはまったくちがう姿をとりながら続きうること」を指摘するときの彼は、この日一度だけその名を口にしたとおり、モンテーニュとともに語っていた（本書四六頁）。

本書九二年講演でも指摘されるように、モンテーニュは、野蛮ならぬ「野生」の人びとがいまだ人為に汚されていない真の美徳を持ちあわせているとみなした点で、一八世紀啓蒙思想における「良き野蛮人」の表象化を予告していた（本書一〇二頁）。原初的な社会へのこうした志向は、いうまでもなく真正性の問いに繋がれている。真正性の根拠をかりに「単純」や「純粋」の度合で判断するならば、一見複雑にみえる社会事象の深層にできるだけ単純な変換の規則群を見いだそうとする構造主義との、原理面での親和性がそこに見いだされてくるだろう。あるいは、この場合の「単純」や「純粋」を「野生」という言葉に置き換えれば、伝播と借用——さらには交易、植民、戦争なども含めた広義の交通《フェアケール》——にともなう他者理解の可能性と不可能性、構造主義に固有の自他をめぐる倫理の問いがひらけてくるだろう。レヴィ＝ストロースが省察の対象としたこれらすべての側面をルソー主義の表れとして一括するときに、なおも回収しきれない問いの圏域がそこから仄見えてこないだろうか。ことに倫理をめぐる構造主義の問題提起は、レヴィ＝ストロースが晩年にモンテーニュへの回帰をとげることではじめて前景化したというより、まさに『モンテーニュからモンテーニュへ』という新たな視野のもとで再考されるべき問いであった可能性が予感されてくる。

一例をあげよう。『人種と歴史』で示された先の「ふたつだけの革命」のうち、西欧における産業「革命」の副産物が社会主義「革命」の理念であったとすれば、レヴィ＝ストロースのルソー主義を体現してきた新石器「革命」もまた、若き民族学徒が一九三七年時点でとらえた「革命的な学」の「革命的意志」と、何らかの関係で繋がれようとしていなかっただろうか。いいかえれば、これらすべての語用における「革命《レヴォリュシオン》」とはいったい何を意味しているのかという根本的な次元の問いにまで、かりにエスノセントリックな遠近法が干渉していたのだとすれば、野生の他者からの呼びかけは、歴史の語彙で語りえない革命とその倫理を、「われわれ」にいかに飛び火させ、あるいは「伝播」させうるのか。レヴォリュシオンの意味論をもとにレヴィ＝ストロースが放散してきた倫理の幅を検証すること。だがそもそも、革命をいざなう他者の呼びかけを、はたして当の「われわれ」は十全に理解できるのか。ク・セ＝ジュ。私はなにを知っているのか。

II　懐疑と同化

多型的な思考のコラージュで読み手を魅了してきた反＝旅行記『悲しき熱帯』のうちでも、最終第九部「回帰」の前半におかれた「一杯のラム」は、硬質な思想の表明という点にかけて白眉の一章といえるだろう。人類学的思考の根源にひそむ倫理の問いを鋭く剔出したその内容は、これまで多くの読み手にルソー主義のマニフェストとして受けとられてきた。

民族学者が自社会にたいして中立の態度をとらない傾向があるのは、けっして偶然でない。彼は、「同類のあいだにあっては進んで紊乱者になり、伝統的慣行に反抗しもするが、ひとたび対象となる社会が彼自身の社会とは異なったものとなると、保守主義と言えるまでに在来のものを尊重する態度に出る」（レヴィ＝ストロース 二〇〇一b：三六八）。そこにはたんに偏屈というだけでない職業上のディレンマがあることに自分が初めて思い到ったのは、一九四一年のアメリカ亡命の途次、アンティル諸島で足止めをうけている間であったと著者は語りはじめる。このとき自分が立ち寄ったプエルトリコの工場では、エナメル塗りの貯蔵槽でラム酒が醸造されていたのに対し、マルティニック島では一八世紀よりこのかた同じ道具と技術で操業するラム醸造所があった。だがその結果はというと、「滓《かす》のこびり付いた、古びた木の大樽のそばで味わったマルティニックのラムは、口あたりがよく香りもあり、一方、プエルト・リコのラムは平凡で粗野だった」（同：三六九、表記一部変更）。文明の魅力とは、えてしてそれが上げ潮にのせて運ぶこうした澱に付着しているものだというのに、われわれはその澱を浄化せずにはいられない。

みずからに香気をもたらすものを破壊することではじめて文明は成り立ってきたという現実の苛酷さはしかし、自社会を脱して異文化に飛び込んだ民族学者の心から消え去ってしまうものだと彼はいう。自社会にあっては、民族学者も社会の一員として自己の見解に拠って立つ行動を起こす義務があるのにたいし、異社会での彼は、いまや批判精神の義務から解かれた気楽な「客観性」を得てしまうのだから。とはいえ、ひとは自己の生まれ育った社会の規範から逃れきることができない以上、自文化に比べて異文化を過大評価するという民族学者の偏愛ぶりにも、エスノセントリックな評価基準が紛れ込んでいるのではないか。もしそうであるなら、民族学者が真の客観性をとりもどすには、比較や評価にかんするいっさいの判断を自己に禁じ、「人間社会に開かれた可能性の全域の中で、各々の社会が或る選択を行ない、それは相互に比較できない」（同：三七二）ことを認めねばならなくなるだろう。だがそうなると、またべつの問題が生じる。こんどは特定の社会にみられるすべての事象を――その社会の住民を不正や悲惨に巻きこみ、住民自身が抗議の声をあげている事象でさえ――拒まずに受け容れるという態度に陥りかねなくなるからだ。自社会では体制批判者を演じながら、異社会では体制順応派になりさがるという民族学者の自家撞着はそのうえさらに、いっそう抜きがたい困難に逢着することをレヴィ＝ストロースは指摘する。

「もしも民族学者が彼の属する社会の体制の改良に貢献しようとするならば、彼が闘っているのと同様の状態が存在するところではどこでも、彼はそれを弾劾《だんがい》すべきだが、そうすれば彼はその客観性と公平さを失うことになる。その代り、道徳上の逡巡と学問上の厳密さが彼に強いる超越は、彼自身の社会に対する批判も留保させることになる――彼はすべての社会を知るために、そのどれについても判断しようと欲しないのだから。自分のところで行動すれば他のものを理解することは断念せざるをえず、すべてを理解しようとすれば如何なる変革も諦めなければならない」（同：三七三）

ラム酒の挿話からはじまる以上の省察には、じつのところアンティル諸島の記憶に数年先立つ前史のあったことを、私たち三七年講演録の読み手は知ることになった。

「民族誌家は、左派に属するならばたしかに変わった人ということになります（そしていま述べたように、民族誌家はほぼつねに左派の人間でした）。一方では、自分が暮らす社会を批判し、修正し、社会組織を解体して何か別のものに差し替えようと努める人間でありながら、他方では、自分自身の社会で暮らすかわりに野生人の部族に身を置くや、たちまち最悪の保守主義者、最悪の反動家と化して、そんなちっぽけな部族を文明の侵害から防衛しようとするのですから。自分の社会については革命家でありながら、未開人については保守主義者となるわけです」（本書四八―四九頁）

ただし、ここで重要なのは、自伝文学の作者が往々にして加工する過去の「真相」探しにはむろんない。一見弁明しがたいようにみえる人類学者の矛盾こそ、この学に本来そなわる政治性と革命性を証している事実を、はやくも一九三七年時点から、彼は自身の思想の一部に組み入れていた。その事実の意味こそ、問われる必要があるからだ。くりかえせば、三七年講演は「革命」を演題の一部とし、聴衆はまさにこの矛盾を彼に向かって突きつけかねない社会主義の元同志たちだった。その彼らをまえに、西欧では野生の他者にまつわる知の増進がつねに自社会への「革命的批判」と連動してきた事実を、彼は例証する。そして、古代ギリシアの懐疑主義などにふれたのち、新世界とその住民の「発見」にともなう一六世紀批判精神の擡頭を、彼はモンテーニュの名により紹介するのだった。

ここでいう民族学者の矛盾が、かつて文化相対主義のパラドクスと呼ばれていた問いの圏域と重なっていることは明らかである。文化にはそれぞれ異なる価値があるのだから、たがいに尊重しあうべきだというごく正当な主張には、原理的な次元である困難がひそんでいた。異文化の価値を支障なく理解できるという者は、エスノセントリックな評価基準のもとで他者を独善的に「理解」する可能性が高まる一方で、価値のちがいを深刻に受けとめる者は、異文化を最終的に理解不能とみなすニヒリズムに陥りかねない。新大陸「発見」以後の世界が経験した植民地化の過去に照らしてこの逆説をいいかえれば、異文化を生きる他者を、自己と同一の――「神の前では平等な」――存在とみなすその先には同化主義が、逆に自己との乗り越えがたい差異――「キリスト教徒ならざる者たち」――から出発する場合には優劣の差別が、いずれも暴力として発現してきた。一見対極的にみえる他者性の経験が、いずれもけっきょくは暴力へと帰結してきたのも、「人は、自己のたんなる不完全な状態にとどまらないような、まったく他者的な人間の本質が存在することを、認めたがらない」(トドロフ 一九八六：五九)からである。かくして異文化との出遭いには、「人間の他者性が顕現されると同時に拒否されるという両義性」(同：六九)がたえず付きまとってきた。文化相対主義のうたう平等は「同一性」に浸食され、差異は「優劣」ないし懐疑の言説へとたえず変質するおそれがあった。

しかし、本書三七年講演の演者には、文化相対主義にかかわる職業民族学者の矛盾を否定的にのみ受けとめている気配が感じられない。前後の文脈から判断すれば、むしろその矛盾こそ、民族学が革命的たりうる所以だとさえ言っているかのようである。自文化に向ける徹底した異化のまなざしと、異文化に寄せる親密な共感との対比が、かりに構造主義の根底を流れる感性の特質であったとすれば(10)、はやくも三七年講演から表出していた彼の独自な思考をどのように受けとめればよいのだろう。人類学者としてのスタートラインに立つ大戦前夜の時点から、レヴィ＝ストロースの裡ではルソーに並び立つ影のような存在として、他者理解をめぐるモンテーニュに固有の問題系が、たしかに伏流していたように思えてくる。

＊

本書所収の一九九二年講演録「モンテーニュへの回帰」は、『大山猫の物語』の刊行翌年にレヴィ＝ストロースが行った講演の転写稿である。『大山猫の物語』でも一章を割いて、論考「モンテーニュを読み返しながら」を発表した彼は、アメリカ「発見」五百周年とモンテーニュ没後四百年にあたる翌九二年に、数々の公的発言を残していた。本書九二年講演は、これら一連の発言のうち、これまで知られてこなかった記録のひとつにあたる。

新世界の住民への言及がみられる『エセー』各章のうち、『大山猫の物語』でおもに読解された「レーモン・スボンの弁護」は、九二年講演でふれられない。かわりに扱われるモンテーニュのテクストは、「人食い人種について」と「馬車について」、そして講演者が中核的な内容をもつと見立てた「習慣について」の三篇である。総じてこの時期のレヴィ＝ストロースが『エセー』の思考に再確認していたのは、三七年講演以来――またはその後の「一杯のラム」以来――歳月をかけて省察を継いできたとおぼしきあの問題、文化相対主義と他者理解の問いをめぐって一六世紀の先人がテクスト横断的に散りばめていた基本的な概念群――野蛮、理性、習慣など――の配置にあった。

九二年講演の演者は、モンテーニュによる「野蛮＝野生《ソヴァージュ》」の定義に三つの異なる側面があったことを確認する。野蛮＝野生とは人為の法による堕落がいまだみられない原初的で純粋な状態だとする第一の方法、そして理性の基準に照らせば「われわれ」の社会も含めたあらゆる人間社会に野蛮は存在するという第二の方法は、いずれも「人食い人種について」で表明されていた。これにたいし「習慣について」では、とくに第二規定とは正反対にみえる第三の規定、つまり同じく理性の基準にしたがえば、野生の社会もふくめた人間社会のいかなる慣習にもそれなりの機能や存在理由がある以上、いかなる社会も野蛮とはいえないという規定が表明される。『エセー』にみられるこれら三様の規定は、人間社会をめぐる省察がいずれたどることになる三つの思潮をそれぞれ先取りするものだったとレヴィ＝ストロースは総括する。第一規定はほぼそのままの形で「良き野蛮人」の表象化を、第二規定は野蛮からの解放をめざす社会契約を、そして第三規定は文化相対主義の到来を、別個に予示していたのだと。

レヴィ＝ストロースはこれと同様の読解を『大山猫の物語』でも示していた。いわく、人間の習慣を省察するにあたって理性が帯びる両義性を、『エセー』の著者はリフレインのごとく反復する。理性をふまえて慣習を判断すれば、いかなる社会の慣習も正当化できず、現に野蛮はあまねく存在するのに対し、同じ理性をふまえて当の慣習が置かれた脈絡にまで目を向ければ、いかに奇態な慣習にも合理的価値のあることがうかがえる以上、どの社会にも野蛮は存在しないことになる。レヴィ＝ストロースはこのときも、前者が啓蒙の哲学へ、後者が文化相対主義の思想へと展開していくことを指摘していた。ただし彼は、そこからさらに踏みこんで、理性の水先案内でこれら「ふたつの暗礁」の間を航行するモンテーニュは、じつのところ「慣習や信仰を理性の裁判官のまえに出頭させるのではない。彼は、理性そのものの予審を行なうために、慣習や信仰を利用するのである」と読み解いていた点が注目される（レヴィ＝ストロース二〇一二：二八九―二九〇）。

たとえば「習慣について」のモンテーニュは、人間の慣習にまつわる古今雑多なデータを、それぞれがたがいの根拠を打ち消しあうように次から次へと並べたてながら、自文化に特有の慣習や信念から自由になることが、人間にはいかに困難であるかをまず読み手に告げ知らせる。しかし、人間の想像力など高が知れているから、理性で根拠づけられないほどの奇習にはまず遭遇しない。だとすれば、むしろ理性のほうこそ、人間の思考や慣習のなかに似たような比率で溶け込んでいる「染料」なのであって、諸文化の慣習が異なるのも、その原料や種類が無限にあるからにすぎないのだと彼は説いていた。モンテーニュがここでいう理性とは、もはや「あらゆる社会的機能の外部に身を置いた」超越的存在ではなく、「信念や慣習のあらゆる型式の下層に横たわり潜在している理性」なのだと、九二年講演のレヴィ＝ストロースは読解する（本書一〇三頁）。そして、社会の慣習に対するいかなる批判もむなしく終わるというこの発想が、モンテーニュの政治的・道徳的な信条になる一方で、実社会を生きる処世術としても、「自己の内側では、諸々の慣習にたいして大いなる全面的な判断の自由を保っていなければならないが、他者にたいしては、諸々の慣習を完全に尊重しなければならないという姿勢」（本書一〇四頁）が自分の守るべき鉄則、「法の中の法」になったのだという。

野生／野蛮を文化相対主義的にとらえるならば、理性とはもはや超越的存在でないどころか、逆に慣習の深層につねに潜伏する何ごとかとなる。レヴィ＝ストロースのこうしたモンテーニュ読解には、構造主義が想定する理性の位置づけを少なからず想起させるところがある。ただ、この点もさることながら、モンテーニュの処世術として九二年講演の話者が披露する内容は、すでに三七年講演の彼が語りはじめていた、あの「民族学者の職業的矛盾」の変奏と見まごうばかりではないだろうか。新世界の発見という事態をうけとめて一六世紀の思考が見いだした「ふたつの暗礁」が、じつのところ「現在もなお哲学的思考がいずれを選択するか決めかねているように見える二つの展望」(レヴィ＝ストロース二〇一九b：一三八)であるとすれば、『エセー』で真の予審対象に問われていた当の理性は、それを分かちもつはずの自と他を、いかに架橋しうるのかあるいはしえないのか。それは、過去の民族学者だけを悩ませてきた問いでもあるまい。

*

モンテーニュが、理性を徹底的な審問対象とする懐疑主義(ピュロン主義)の短い季節をむかえるのは、『エセー』第二巻の執筆時期におおむね重なる一五七〇年代半ばのことであった。この時期の中核テクストは、『エセー』でもひときわ大部の一章「レーモン・スボンの弁護」であり、そこには新世界の住民のいとなむ諸慣習がヨーロッパとの比較で集中的に言及された箇所がある。『大山猫の物語』でレヴィ＝ストロースが示した読解をまじえつつ、その概要を確認しておこう。モンテーニュは「レーモン・スボンの弁護」の後半において、先の「習慣について」と同様の筆致で、新旧両世界の慣習や信仰には似たようなものもあれば対蹠的なものもあることを例証するために、類似と差異のいずれもが重要であるかのように民族誌風のデータをまず列挙していく。そして、大西洋をまたいでたまさか類似がみられる場合でも、伝播や借用の可能性はおよそ考えられず、差異がみられる場合にはむろん相互に矛盾があるわけだから、人間の慣習におけるこうした類似と差異のたわむれはすべて恣意の所産なのだとモンテーニュはいう。自然の根拠を欠いた、つまりは文化の次元でのみ多彩に繁茂する事例群を確認したのち、彼は『エセー』で最も知られるあの警句——「われわれは、存在に対して、いかなる関与《コミュニカシオン》ももちえない Nous n'avons aucune communication à l'être」——を呈示するのだった。

レヴィ＝ストロースはここに、一個の批判的精神をあるとき見舞った重大な危機を感じとる。「わたしたちが読むことのできるあらゆる哲学のなかでもっとも強い」（レヴィ＝ストロース 二〇一二：二九三）表現にあたるこの懐疑主義期の定式は、文化相対主義を極限にまで至らしめてしまう。あれこれの慣習の「染料」として人間が分かちもつはずの理性の力能さえ、今やモンテーニュは否定して、「われわれは存在者と心を通わしえない」と言いきるほどの懐疑へと到った以上、当の懐疑の代価として、「みずからを否定するこの知がはたしてひとつの知なのかどうか」（同：二九五）さえ疑わしくなるだろうと。認識の虚無と日常の行為とのあいだに何らかの折り合いをつけないかぎり、このとき現実の人間には自死かさもなくば完全な禁欲以外の選択は失われる。そこでモンテーニュは懐疑のはてに、やや唐突なしかたで、カトリックの信仰と神の恩寵こそが生の継続にむけた唯一のよすがであると断言した。そうしてふたたび巧まれる彼の処世術とは、みずからの根源的な懐疑を人目にさらすことなく、たんなる礼儀作法として宗門への帰依をくりかえし表明することでしかなくなった[11]。つまり、「ある種の後退によって示されるこの相対主義は、心底から過激だが、うわべは保守主義の色合いを帯びる」（同：二九六）ことになった。新世界の野生の文化にふれたことから生じる反撥や疑念を打ち消す手立てとして、自文化における既存の体系を持ち出す点にかぎっては、それゆえモンテーニュの解法も――後述するように、じつはうわべよりも「心底から過激」な彼の内面こそが問題なのだが――同時代の探検家や宣教師と変わるところがなかったことを、こうしてレヴィ＝ストロースは確認するのだった。

　とはいえ、ここで問われているのは、だれあろうモンテーニュの、いやモンテーニュというテクストである。かつてメルロ＝ポンティは、『エセー』の著者について「すべてに向かって身を開いているこの曖昧なわれ」という形容を与えていた。ひとくちにモンテーニュの懐疑主義といっても、懐疑主義とは、なにひとつ真実でないとする判断と、なにひとつ虚偽でないとする判断をともに指し示す思考であり、ひとつの真実を拒否する行為が、またべつの真実を発見する行為へとつねに連動する矛盾にさらされた思考でもある。したがって、あれこれの独断や、部分的・抽象的な「真理」をことごとく破壊したその先に暗示されるものがなおもあるとすれば、それは対比や矛盾を次々に生み出していく行為そのものへの確信、あるいは懐疑という行為の真理でしかない。「カトリシスム」や「懐疑主義」といったあれこれの立場を、モンテーニュが信奉した、あるいは遠ざけたと決めつける気楽な読解は、それゆえこの特異なテクストへの向き合い方として的を外している。そうではなく、モンテーニュは「さまざまな外的対象に向かって開かれていながら、それらと無縁な自己」を感じつづける書き手なのだと、メルロ＝ポンティは警告していた[12]。

ひとが平素からたえず何物かに密着しながらも、同時に冷めた感覚でそれを遠くから眺めているように、一六世紀の隠遁者にかぎらず、政治と革命からあるとき身を退いたかにみえる二〇世紀の民族学者についても、他者に向けられたその遮断と開放の切り替えを、さほど容易に——たとえば外見上の遮断を「ペシミスム」と片づけることで——見分けられるものだろうか。隠遁の孤独にありながら「すべてに向かって身を開き」、自己の省察があえて明らかにはしない結論の場をあらかじめ未知の読み手に明け渡しておく——そしてその行為のほかに真理のない――テクストとしての「自己」は、本来的な矛盾をかかえた民族学者の「自己」といかなる関係で繋がれるのだろう。そして民族学者の「自己」は、「他者」にまつわる似かよった隘路をまえに、かつていかなる決着をつけていたのか。

*

自文化では体制批判者、異文化では保守主義者に転ずるという民族学者の矛盾について、レヴィ＝ストロースは先の「一杯のラム」でこう続けていた。自文化で社会変革にむけて行動するのなら、異文化を中立に理解する行為は倫理的に許されなくなる。逆に、異文化の理解に専念したければ、自他いずれの社会変革も断念せざるをえなくなる。二者択一のいずれを採るかといわれれば、民族学者は自己の務めとして後者を採ることになるだろう。ただ、究極の選択を強いるようにみえる「矛盾」であれ、思考を整理すればそこからの出口はみつかるはずだ。そもそも、いかなる社会も完全ではなく、不正や無感覚、惨忍さの要素はどの社会にも含まれてきたことにかわりはない。ところで、限定された数の社会比較にとどまるかぎり、各社会が含み持つこれら不純な要素の割合にはいちじるしい差があるようにひとは感じる。だが、民族学の研究成果をふまえて考察の視野を拡げていけば、当初感じられた少数の文化間の差異はおのずと低減し、事実を正当に分析し、評価する可能性は高まるだろう。(13) とはいえ民族学者は、自文化から最も遠い文化に絶対的な徳を見ようとしているわけでもない。特定の文化をただ礼讃するふるまいは、その文化の住民からすれば許容しえない事象にも目をつぶることになる以上、かえってそこにこそ不正は発生するだろう。また、自文化への反省をこめて野生の文化を相対的に高く評価するとしても、だからといって民族学者は、人為のいかなる秩序にも叛旗を翻し、社会以前の自然状態を手放しに美化しているわけでもない。

レヴィ＝ストロースはここまで述べてから、ルソーが一八世紀に示した「自然人」のモデルを援用する方向へと論述をきりかえる。ルソーはこれまで不当にも自然状態の賛美者と誤解されてきたが、自然と社会を混同する誤謬など彼はついぞ犯していなかった。ルソーのいう自然人とは、社会以前の文字どおり「自然」の存在ではなく、すでに社会状態に入った存在を意味しており、社会であるかぎりそこにはかならず悪が生ずることもルソーは承知していた。むしろ、その悪が社会状態に固有のものかどうか、また悪の背後には人間社会の確たる基盤として何があるのかを判別するために、彼は自然人のモデルを仮設したのだった。今日では新石器的と呼ばれる生活様式――生の安全確保に不可欠な発明の大半はすでに獲得された生活様式――がその最良の似姿であるとルソーは考えていたものの、自然人は理論上のモデルにすぎず、現在観察しうるいかなる社会の現実にもそれは対応しない。だが、このモデルを参照原理として活用すれば、第一に他者の社会を深く知ることで、われわれは「われわれの社会から自分を切り離す」ことが可能になるだろう。第二に、「われわれ自身の仕来りの変革に適用できると思われる社会生活の諸原理を取り出す」ことも可能になるだろう（レヴィ＝ストロース 二〇〇一b：三八六）。社会を破壊する危険を冒してまで民族学者が変革を試みてもよいのは、自社会についてのみである。他者の社会については、その住民がほかならぬ他者である以上、民族学者が彼らに「同一化する」とでも言わないかぎり、彼らにとっての他者として行動を起こすことは許されなくなるからだと。

ルソーは「哲学者のうちで最も民族学者だった」（同：三八二）――そう言いきるほどレヴィ＝ストロースがルソーとの近さを感じたのは、自然人のモデルが自社会の変革にむけた参照点となるからだけではない。民族学に内在する自他関係の矛盾について、ルソーはその突破口をべつのしかたでも彼に示していた。「一杯のラム」を綴った『悲しき熱帯』の刊行から七年後、ルソー生誕二五〇年にあたる一九六二年に、レヴィ＝ストロースは「ジャン＝ジャック・ルソー：人間諸科学の創始者」と題する記念講演を行っている。講演の主眼は、人類学者の同化／同一化《イダンティフィカシオン》をめぐる思想的な争点の呈示にあった。彼によれば、フィールドワークのただなかにいる人類学者は、「わたし《モワ》」とはべつに、当のわたしに対して他者として現れる「自己《ソワ》」の存在を学び知り、その自己を「他のさまざまな自己」の観察に役立てる必要がある。しかも、他者の内に自己を認めることが人類学の目的だとすれば、その目的にむけてあらかじめわたしの自己を拒絶しておかねばならない。ルソーは、世界のさまざまな土地に暮らす人間への関心とあわせて、自分の最も身近にいる特殊な人間すなわち自己そのものに省察をあつめる書き手だった。ルソーが今日の人間諸科学の創始者だといえるのも、ひとえに自己を徹底して客体化する思考の先駆者だったからである。自己を三人称で語る『告白』にかぎらず、ルソーの著作全般をつうじて人類学者が学ぶべきは、他者に同化しようとする意志、そして自己への同化をかたくなに拒む意志でこそあるだろう。人類学者は、「他者とはひとつのわたしである」ことを証し立てる以前に、ランボーにならって「わたしとはひとつの他者である」ことに気づいておく必要がある。
「わたしは何を知っているのか」とかりにモンテーニュから問われたとして、だからルソーならば「そのわたしとは何か」と問い返してみせるだろう。ルソーが見いだしたのは、わたしのなかには、わたしに代わって思考しているかもしれないわたしとはべつの「彼」がいるという、驚くべき真理であったのだと。

レヴィ＝ストロースは続ける。『人間不平等起源論』でルソーが「憐れみ」に着目したのは、それが人間にかぎらずあらゆる生物もふくめた意味での「他者」と同化しようとするときに発露する、自然状態から引き継がれてきた感情だと考えたからである。自我よりも他者を、人間の枠組よりも生命全体の枠組を優先するルソーの思想は、正しくは二重の原則に立脚していた。第一には、相手が人間であれ動物であれ、あらゆる他者のうち最も他者である存在とさえ同化しようとする原則であり、第二には、わたしをたえず取り込もうとしてくる自己自身への同化を拒否する原則である。このうち後者のほうが前者を基礎づけるかぎりで、ルソー革命の意義とは、「いかなる形にせよ同化を強制されることを拒否する」（レヴィ＝ストロース一九六九：六四）ことにあった。ある文化がべつの文化に同化を強いたり、自文化の一員である諸個人に一定の人格や役割との同化を強いたりする場合でも、この原則は変わらない。強いられた同化を拒否する姿勢は、さらにひとが他者と「自由に同化することの権利」へと繋がれている。人間の膨張した自尊心がひたすら覆い隠してきたこの「原初的な同化《プリミティフ》」を想起することによって、同じ自尊心のもとでこれまで両立不能と決めつけられてきた自己と他者、自文化と異文化、文化と自然、合理的なものと感覚的なもの、人間性と生命といった対立項がふたたび合流する事態を、人間諸科学は構想できるようになるのだと。

他者理解と自社会の変革、民族誌学と革命の相克をめぐって、すでに三七年講演から兆していた困難な問いへの省察は、四半世紀の時をこえ、彼の裡で以上のような地点にまで達していた。レヴィ＝ストロースの思想には、「自己」、「個人」、つまりは主体の同一性《イダンテイテ》に抗しようとする問題意識がつねに潜在し、構造主義のいう「構造」にしても、同一性という近代の虚妄を意図的に忌避する場において構成された概念であったとすれば(14)、自他にまつわる同化＝同一化の機序と理念を人類学的視座から説きあかしたこの講演のもつ意味は大きい。ただし、講演者がルソーの思想から切りだしたふたつの原則のうち、第一の「他者との同化」については、後ほど詳述するように、これもひとつの同一化であることにかわりはない。現に「一杯のラム」では、外側からはうかがい知れない他者の自己意識に配慮するかぎり「同化」の表現を避けるべきことを、彼自身が書き添えていたことはすでに引用したとおりである。しかも以後の『神話論理』では、これよりはるかに精緻な方法論で「他者の自己」そのものが思考の課題となり解剖されていくのであるから、六二年時点におけるこの表現には、ある留保をもって臨む必要があるだろう。

ところで、自己自身との同化を拒否するといういっそう根本的な第二の原則については、これを留保なきルソー主義の一環として講演者の言うままに受けとってよいものだろうか。本書三七年講演でも、『悲しき熱帯』の一章でも、そしてこのルソー記念講演でも、困難な問いへの対峙に際し、レヴィ＝ストロースがモンテーニュの名を脇役としてでなく口にすることはまったくない。とはいえ、自己の明証性を前提とするデカルトの鏡に映せば、

『告白』ならぬ、あの孤独な『エセー』の場でも、きたるべきコギトの終焉を読み手が直観する瞬間はなかっただろうか。「私は何を知っているのか」とモンテーニュに訊かれたら、ルソーは「その私とは何か」と反駁したはずだと、六二年のレヴィ＝ストロースは想像する。だが、はたしてモンテーニュの「自己」は、さほどに盤石の場としてテクストに刻まれていただろうか——「意識にとって本質的な狂気があるが、それは、意識が持っている、何にでもなれる能力、自己自身になってしまう能力である」（メルロ＝ポンティ 一九七〇：七七）。理性の主体たる以前の、わたしのなかの他者。ほかならぬ自己についての『エセー』を書き継ごうとするこの「自己」のもとへ、差異や分裂としてそのつど到来する他者は、はたしてどれほどの数にのぼったことだろう。そしてこの「わたし」を観察するのはいったいだれだというのか、理性の予審法廷として対比と矛盾を次々と生成していくこの空虚な場こそがほかならぬこの「わたし」でなかったとすれば⑮。

＊

「モンテーニュへの回帰」をとげた一九九〇年代のレヴィ＝ストロースを参照しながら、デヴォーは本書序論で、モンテーニュとルソーを繋ぐ最終的な鍵とは真正性への要求であり、ふたりがそこを起点としてまったく異質な他者性を開いていった点を明晰に指摘する。

じっさい当時のレヴィ＝ストロース本人も、「社会生活を可能にするのに必要な最低条件」を知るために、真正でありうる社会紐帯の本性とは何かをひとしく問うた点に、ルソーとモンテーニュの共通性を見てもいた（レヴィ＝ストロース 二〇一九b：一三六）。だとすれば、分岐しながら節合されるふたつの真正性または他者性のうち、社会契約の理念を築いていく思想のほうをひとたび前景化させたならば、「これらふたつの他者性の間でたえず揺れてきた」（本書三一頁）構造主義者の思想について、ある重要な側面が見すごされるおそれが生じるだろう。レヴィ＝ストロースの思想にひそむモンテーニュの影としてこれまでわずかに取り沙汰されてきたのは、たとえば『悲しき熱帯』に一貫して流れるペシミスムの基調であった。あるいは大作『神話論理』の擱筆まぎわにいたって論述に「無」を引き寄せずにいない彼のペシミスムも、読者にはそのかぎりで注目されてきた。だが、はたしてそれは、語の精確な意味におけるペシミスムだったのか。「われわれは、存在に対して、いかなる関与《コミュニカシオン》ももちえない」という『エセー』の韜晦は、文化のあらゆる次元でコミュニカシオンの可能性を探究してきた人類学者とは真に背馳する、極北の懐疑主義の発露だったのか。ならばなぜ、自己の内側では慣習を冷徹に判断する自由を守り、他者についてはその慣習を極力尊重するという二重の倫理において、このふたりは――いやルソーの二原則にしても――これほど通いあっていたのだろう。

自著にひそむペシミスムの気配をエリボンに質されたレヴィ＝ストロースは、たとえば『遠近の回想』でこう応答する。

「E：『神話論理』のような長大な著作を、人間の営みの最後に残るものは「無」である、というような覚めた確認で終わるのは、ほとんど哲学的信仰告白の表明と同じことです。この「無」のなかに、あなたの深い哲学の表現を見ようとする人がいました。
L＝S：私が言いたいのはそれとは違います［…］人間が作りだしたすべてが消えて何も残らないだろうということを十分知ったうえで、それでも生活し、働き、考え、努力しなければならない、ということなのです。ですからそれは全然違っています［…］人類が消滅し、地球が消滅しても、宇宙の歩みには何の変化も生じない。そこから究極のパラドクスが生まれてきます。我々の存在の無意味さを教えてくれるこの最後の認識が本当に有効であるのかどうか、我々はそれを確実に知ることができない、というパラドクスです。我々は自分の存在が無であること、あるいは大したものではないことを知っているのに、この我々の知が本当に知であるのかどうかは、もはや知ることができない。宇宙が思考よりはるかに大きなものであると考えることが、思考自体を疑問に付すのです。このパラドクスから抜けでる道はありません。それでは、あなたがさきほど言いそうになっていたように、私は徹底した懐疑主義者であるか、というとそれも違います。なぜなら、たとえ現象から現象へと進むほかないということが我々の宿命であるとしても、どこかで停止することが賢明なことであると知ること、そしてその停止すべき地点を知ることは重要なことだからです。表面に現れる現象、そして意味の背後に意味を求めるあくなき探求――正しい意味は決して知られることがありません――、この両者の間に、人間が落ちついてもよさそうな中間的地点があるということを、何千年にもわたる経験から我々は教えられているのではないでしょうか」(レヴィ＝ストロース＋エリボン 一九九一：二八九―二九二)

人類と地球が消滅しても、宇宙はなにも変わらない。彼が言うのもその意味での無であることとは、『悲しき熱帯』のエピグラフを飾るルクレティウスの言葉、「お前と同じように、これまでそうした世代は亡びてきたし、これからも亡びるだろう」に照らしても明らかである。無信仰者で知られるレヴィ＝ストロースが一方でこのように語る「宇宙」と、モンテーニュが処世の便法としての「信仰」に従ってもう一方で記す「神」とを引き比べることには、無理があるだろうか。[16] レヴィ＝ストロースとおなじく人間存在を人間だけの枠組で了解すべきではないという趣旨で、モンテーニュが人間の外部にある神を措定しながらくりかえし強調するのは、人間の言語によって神の意志や行為を表現するのは原理的に不可能であり、たとえば果てしもなく長い時の持続を人間が言語をこえて実感することなどおよそ不可能であるという点だった[17]。そしてそこからは、人類学者のいう「究極のパラドクス」と似たような隘路が現れることを、モンテーニュもまた、ルクレティウスの引証により示していた――「人はなにも知ることはできないのだと考える人は、なにも知ることはできないと断言できるほど、自分がよく知っているかどうかを知らないのである[18]」。

しかし、懐疑への沈潜にはいずれ終止符が打たれる。人間には、そして思考するこの「わたし」にも、理性の限界をめぐる逆説はたえず従きまとうにせよ、「どこかで停止すること」が賢明である。それでもひとは生きねばならず、「わたし」は思考を続けなければならないかぎり、歯止めの地点を知ることが、以後の生と思考にとっての最低条件となる。モンテーニュの思考から忠実に学び得たかのような、「どこかで停止すること」の叡智をふまえればこそ、主体の同一性に断じてまつろわないレヴィ＝ストロースの「わたし」は、究極の懐疑へと踏みこむその一歩手前で、人間以外の生命もふくめた他者の声を受け身で迎え入れる空虚な場へと、はじめて転ずることができたはずである[19]。

＊

他者をたとえ十分には理解できなくとも、彼らに共感しようとする「わたし」の心の動きに抑制をかけないこと。そのためにも、「わたし」が自社会や「自己」自身に同一化しようとするふるまいを、まえもって心のうちで拒絶しておくこと。この倫理は、一六世紀の隠遁者と二〇世紀の民族学者のいずれにあっても、新世界に対する旧世界の暴力的な「関与《コミユニカシオン》」によって幕をあげた、取り返しのつかない破局の予感あるいは事後の悔恨に繋がれていた。

「[…] 敵側についたポルトガル人が、彼らをとらえて、自分たちとは別の殺し方を用いたときの、彼らの反応を考えてみればいい。ポルトガル人たちは、捕虜を腰のあたりまで地中に埋めると、上半身に矢を何本も浴びせてから、絞首刑としたのであったが[……これを目撃した] 彼らは従来の方法をやめて、ポルトガル人のやり方を採用し始めたのだった」(モンテーニュ 二〇〇七:七〇)

モンテーニュが予感した破局の帰結に四百年後の「新世界」で立ち会うことになるレヴィ=ストロースもまた、ルソーのいう悪の向こう側に存在していてほしい人間社会の確たる基礎は、すくなくとも「われわれの文明」に存在しないと言いきっていた。「観察されたすべての社会のうちで、われわれの文明は恐らく、この基礎から最も隔たった社会であろう」（レヴィ＝ストロース 二〇〇一b：三八三）。西洋が民族学を生みだした唯一の土地であるとすれば、それは、「われわれ」が他者に引き起こした過去に対する強い「悔恨」に苛まれてきたためである。他者の文化にも西洋と同根の瑕疵はみいだせるのか、またその瑕疵がなぜ西洋ではかくも深刻になったのかを解明し、彼らが西洋を助けてくれるのではないかという一縷の望みのもとで、民族学は生誕した。だから民族学者は、その存在自体が「贖罪の象徴」なのだと彼は「一杯のラム」で綴っていた（同：三七九—三八〇）。

晩年のレヴィ＝ストロースに「モンテーニュへの回帰」が生じたことは、その意味でひときわ大きい。思想への回帰とはまた、一六世紀への遡行も意味しており、本書三七年講演に前後するブラジル調査期以来の倫理の問いが、すでに完結なった神話論理の研究もろとも、四百年前の「新世界」へと、このときあらためて送り返されるからである。西洋が他者の文化を累積性の基準で判断するとしても、技術文化の発展度という自文化の特殊な価値基準に適合した累積性にしか気づかないおそれがあると、彼が『人種と歴史』で警告していた点についてはすでにふれた。西洋の価値に基づかない異文化独自の累積性、そして特定の価値に固執するあまり西洋がみずから手放してしまった再びみいだされるべき価値。それを探りあてるうえでの指標となるのは、これまで人類の歴史に生じた「ふたつだけの革命」が人間社会にもたらした変化の内実であるだろう。とりわけ一九五〇年代の彼が、深い含意をこめつつ記した変革の指標とは、「人間が自然と取り持っていた関係」（レヴィ＝ストロース 二〇一九a：七七）にほかならない。モンテーニュが「習慣について」で描きだした「信念や慣習のあらゆる型式の下層に横たわり潜在している理性」を人間の感性のうちに再発見することで、「人間が自然と取り持っていた関係」に注目しながら「構造」の思想を彫琢していくこと。そして主体の同一性に固執する社会から遠く離れた――あるいは引き離され見棄てられた――野生の思考の「構造」に、共時態の圏域で躍動する変換の規則と公理を探りあてていくこと。その長きにわたる構造主義者の思考の軌跡を、現在の私たちは知っている。自己自身への同一化を拒むほどの強度をもって悔恨の闇から逆に励起したものこそ、自社会の変革をさけぶ政治参加から、内面の開かれた倫理の伝播へと転轍をとげた、この人類学者の「革命的意志」となった。人類学者はフィールドで、べつの累積的歴史の所産にふれることによって未知の「革命」の可能性を予感し、他者にひらかれたこの空虚なわたしこそがその「伝播」の媒体であったことに気づかされる。本書で九二年講演と並べて採録された三七年講演のもつ意味は、このように考えることではじめて、ある厚みを伴いながら私たち読者に迫ってくるものと思われる。

「[…] 自分がじつのところ進路を変えたわけではなく、同じ方向で成長を続けているのだということ […] 民族誌学は、私たちが人間を理解するうえでの一助となるかぎりで、革命的意志に合致します。この学は […] 信念や習慣や伝統の多様性を私たちに示すことでも、革命的意志に合致します。これらの多様な事象こそ、未開民族にかんする知識を社会制度批判とつねに緊密に繋げてきた、民族誌学と革命的意志との伝統的な絆を証しているのです。さらに、民族誌学はひとつのきわめて意義ぶかい教訓を私たちに送り届ける点でも、革命的意志に合致します。それはつまり、人類に特有の停滞状態を打ち破るのは、ひとえに借用と接触をつうじてであり、そのかぎりで私たちは、民族間に数多くの接触が存在することこそ、社会進歩の維持・促進を可能にする唯一の条件であるという結論を引きだせるのです」(本書四一、七三―七四頁)

Ⅲ　外なる他者に向きあう生

本書の九二年講演録には、読み手にやや奇妙な印象をあたえるもうひとつの暗示的な問いがひそんでいる。表向きそれは、新世界にかんするモンテーニュの情報源の一部となってもよかったふたりの記録者の、宗門への着目として現れる。このとき講演会場に集まったのはプロテスタント関係者なのだから、聴衆の関心をなるべく惹きそうな話題の選択を演者が心がけていたことはたしかだろう。新大陸「発見」五百周年にあたるこの年、彼にあまた用意された発言の機会で、似たような話を繰り返さないよう努めた結果としての選択だったのかもしれない。ただ、新世界の「発見」という重大な過去を回顧すべき場のひとつで、レヴィ＝ストロースはかくも周辺的な歴史の細部を気にかける。当時八三歳に達している彼の心に去来していたかもしれないその何かを受けとめるには、モンテーニュの再読に際して示されたこの小さな歴史考証がもつ意味を、一六世紀西欧の拡張された視野のうちにあらかじめ位置づけておく必要がある。

モンテーニュが『エセー』を執筆した一六世紀後半時点において、大洋の彼岸に発見された新世界が、「ひとつの島とか、ひとつの土地とかではなしに、既知の大陸にもほぼ等しい大きさの、果てしなく広大な大陸」（モンテーニュ 二〇一〇：二四〇）であること、それゆえ未知の「人間世界 oecumene」などもはや存在せず、当時でいうインディアスこそが「世界のもうひとつの半分」であることが明らかとなりつつあった。

ただし、新大陸「発見」後の数十年間は、西欧の著述家のほとんどが、古典古代の典籍に描かれていた想像上の異界の驚異を、この新たな土地に「再確認」する程度の無関心ぶりにとどまっていた。モンテーニュはそのなかにあって、新大陸の出現が西欧の自己意識にもたらすことになる思想上の意味を認識しえた、きわめて稀有な知の表現者であったといってよい。「モンテーニュへの回帰」をとげたレヴィ＝ストロースも、この点については彼への手放しの讃辞を忘れない[20]。

二一世紀の私たちが『エセー』の読み手となるうえで、またレヴィ＝ストロースが九二年講演で着目した宗門をめぐる小さな問いのまえに立ちどまるうえでも、モンテーニュの生涯（一五三三―九二年）が、宗教改革期におけるフランス国内の暴力、ことに宗教戦争（一五六二―九八年）の混迷に貫かれていた事実は、ごく基本的な前提となる[21]。『エセー』という作品は、いつ果てるとも知れない内戦の渦中で書き継がれた省察である。新世界の住民との比較で、「われわれは、あらゆる野蛮において彼らを凌駕している」（本書九九頁）と記すときも、あるいは、弊害と破壊しか国内に残さない「あの変革」を「習慣」と対置して糾弾するときも（モンテーニュ 二〇〇五：一九四―一九五）、書き手の念頭にかならず置かれていたのは自国の内戦であった。とはいえ、フランスでも特設火刑法廷が一五四七年に出現したように、西欧史におけるモンテーニュの時とはすなわちエル・グレコの時でもある。新世界のもつ意味を同時代に透視した知の例外性を受けとめるには、それゆえ一四九二年を透明な日付としてでなく、以後の西欧に重大な影響をおよぼすことになる諸事件が連鎖した、クリティカルな時の交点として捉えるべきであることを簡潔に確認しておこう。

一四九二年、スペインでは三つの事件が相次いで生じた。一月二日、イベリア半島におけるイスラム勢力最後の拠点、ナスル朝下のグラナダが陥落し、キリスト教世界の「レコンキスタ」が完了した。三月三一日、カトリック両王がユダヤ教徒追放令を発布した。そして八月三日、コロンブスが第一次航海にむけて出港した。ことに、大西洋西廻り航海への国家的支援をコロンブスがカスティリャ女王から正式に取りつけたのは、ユダヤ教徒追放令発布の翌月だった。クリストバル・コロンブスすなわち「キリストの福音を伝える植民者」としての自称を好んだ彼が、この年の諸事件のもつ意味を自己の航海日誌でも一度ならず的確に記していたとおり(22)、いわゆる一九四二年問題とは、西欧にとっての内なる他者と外なる他者の周囲を旋回する問いである。自国の領土から内なる他者を消し去る行為と、新世界に見いだされた外なる他者を消し去る――またはその生存者を収奪システムの末端に組み入れる――行為とを、信仰の名で連動させる発想は、ひとつの長期持続として、西欧のモダニティに何をもたらしたのか。問いに照らせば、一四九二年に発見されたのは新世界だけではない。「オクシデント」にとっての他者とはだれかを問いなおす作業をつうじ、自己＝オクシデントの同一性もこのときを発端として基礎づけられようとしていたはずである。狭義のスペイン史研究において一五世紀末を「近代」の起点とみなす認識は、この意味にかぎって、つまり二〇世紀にまでおよぶモダニティの長期持続を思想的にとらえるかぎりで、拡大適用することができるだろう。

イベリア半島南部にウマイヤ朝イスラム政権が樹立され、半島北部に逃れたキリスト教勢力との分立状況が生じたのは、八世紀初頭である。[23] ただし、北部のキリスト教勢力圏がしだいに南下をとげていく以後七世紀余りをつうじ、いずれの勢力圏にくらす住民も、キリスト教、イスラム教、ユダヤ教の壁をこえた同盟・敵対関係を複雑に形成しながら、半島内部での共住状態を続けていた。加えて、一一世紀末から開始された対イスラム十字軍の運動は、宗教対立とともに事実上の文化交流を促進する。アリストテレスをはじめとする古典古代の知が、ユダヤ教徒やモサラベ（アラブ化したキリスト教徒）の知識人の手でアラビア語からラテン語に翻訳され、西欧キリスト教圏に流入し「再発見」されたことは知られるとおりである。彼らは高度な知の交流を主導するだけでなく、キリスト教圏とイスラム圏との外交、通商、行政面における媒介者としても多大な貢献をはたしていた。キリスト教勢力がレコンキスタで奪還した土地でも、当初は新たなキリスト教君主のもと、その地にとどまるイスラム教徒やユダヤ教徒、さらにコンベルソ（ユダヤ教からのカトリック改宗者）やモリスコ（イスラム教からのカトリック改宗者）らの共生する社会状況が存続していた。これに対し、レコンキスタが完了する一四九二年以後のスペインでは、きたるべき主権国家体制への助走にあたる国内統合の基盤として、信仰上の内なる他者を強制的に同化させるか排除する政策への、劇的な路線転換が生じていたことになる。

基本的な史実を今さらながらに記したのは、たとえばレヴィ＝ストロースが本書三七年講演で言い添えたごく些細な形容が、具体的な史実をふまえた表現として堪えずにいない奥行きのほどを確認するためでもあった。

「今から数百年前、中央アメリカの高地では、メキシコ文明が大いなる発展をとげていました［が…］スペインの海岸からひと握りの冒険家たちが到来しただけで、あっけなく崩壊してしまいました。それはなぜでしょうか。メキシコ社会は、他民族との接触もないまま孤立していたところに、あらゆる国際的接触の中心にあった諸社会の代理人がやってきたせいで、すっかり劣勢に追い込まれたからなのです」（本書七四頁）

「あらゆる国際的接触の中心にあった諸社会の代理人」――たんに西欧の一地域という以上に、また大航海時代の立役者というだけでもなく、一四九二年以前のイベリア半島は、『人種と歴史』で説かれたあの「提携の関数」としての文化認識を例証するうえで、まさに格別の空間を形成していた。住民の信仰に認められる多様性に加え、近東貿易の港湾拠点であったこの半島には、イタリアやドイツの国際資本さえ進出していた。(24) モンテーニュが、イベリア半島ともインディアスの征服とももとくに関わらない脈絡でふと綴った次の言葉も、『人種と歴史』とはべつの視点から、このさい想起されてよいだろう——「われわれは恥を知るべきではないのか〔…〕これほど神聖にして崇高な教えを持ちながら、キリスト教徒のしるしといえば、舌《ラング》の先にしかないではないか〔…〕われわれの品行を、イスラム教徒や異教の人々と比較してみるがよろしい。われわれは、いつだって劣っているではないか」（モンテーニュ 二〇一〇：一五）。

＊

一四九二年以降のスペインは、外なる他者が住まうインディアスの領有を、このほど国内で完了したばかりのレコンキスタの延長として捉えはじめた。中世をつうじてキリスト教徒が「異教徒」と呼んだのは、なによりイスラム教徒であり、ユダヤ教徒など他の「異教徒」をめぐる表象は、もっぱらムスリムを参照点として形成された。新世界の「見棄てられた無主地」に生きる野生人についても、まずキリスト教徒は、ムスリムからの類推をたよりにこの外なる他者を認識した。だがその一方で、新世界の征服行為には、領土奪還という大義に支えられたレコンキスタや十字軍の論理では正当化しきれない難点があった。領土奪還から征服への論理転換を可能とするために、このとき過去の範例として採られたのは、

第二回十字軍と並行して一二世紀中葉から開始された北方十字軍の遠征だった。スラヴ系諸民族は「異教徒である」というだけでその居住域への進軍がなされたように、この論理に依拠すれば、新世界への侵出も正当化される。イスラム文化の卓越性との対照でスラヴ系諸民族を「未開」とみなせる点も、新世界にたいする表象化の応用には好都合に作用した。しかし、異教徒というだけで征服に踏みきる方針には当時の教皇からも異議が表明されたうえ、まもなくアステカやインカの帝国組織が知られるにつれ、「信仰と法と国家を欠く野蛮の民」を拠り所としたコンキスタの正義は失効していく。そしてその間にも、新大陸における「発見」と「平定」の暴力は、歯止めもなく加速していた。

現在のスペイン語圏中南米における先住民人口が、一六世紀の百年で九割方消失したと推計されてきた点については、ここで詳細に立ち入らない。ただ、先住民の死因の大半がたとえ天然痘をはじめとする旧世界由来の疫病だったとしても、疫禍にはほとんど言及しないラス・カサスの推定する死者数が、結果として実証的な統計分析の推計値と大きく異なるものでなかった点は、注目に値する。疫病に代えてラス・カサスが糾弾する新世界での虐殺やエンコミエンダ下での虐待死が、死の全数からみれば比較的低比率であったにせよ、一六世紀新大陸におけるこの人口消失は、人類史全体をつうじて比較を絶する、空前の「ジェノサイド」だったとも認識されてきた（トドロフ 一九八六：六、一八三―一八五）。

征服のさなかで繰り広げられたきわめて残忍な身体部位の損壊や拷問は、行為の具体的な方法として、イベリア半島といわず一六世紀西欧を席捲した異端審問と宗教戦争の暗黒が、そのまま新世界に移植されたかのような様相を呈していた。

レヴィ＝ストロースが本書九二年講演で紹介するとおり、空間をへだてた暴力のその連続性に、怒りと恐怖をないまぜにした心情を露わとしていたのがモンテーニュである。[25] たとえば、ポルトガル人から先住民への拷問の「伝播」に慨嘆する先の引用箇所の直後で、彼は自国の宗教戦争でみずからが目撃した凄惨な現実（本書一一一―一一二頁）を書き添えずにいられなかった。彼は別の章でも、コンキスタドールがインカ・アステカ両帝国の皇帝に行った処刑や拷問の顚末について、ロペス・デ・ゴマラ『インディアス全史』を参照しながら、怒りをそのまま行文に書きつける。

「商業や交易のために、これほど多大な犠牲を強いた人間が、これまでいただろうか？真珠やコショウの取引のために、これほど多くの都市が破壊され、これほど多くの民族が皆殺しにされ、無数の人々が虐殺され、世界でもっとも豊かで、美しい土地が破壊しつくされたのだ。あさましい勝利というしかない。野心や、国家・民族の敵意が、人間どうしをこれほど恐ろしい戦闘行為と惨禍に追いやったことは、前代未聞のことだ」

（モンテーニュ 二〇一四：二五七）

ただし、同時代の新旧両世界で荒れ狂った暴力には、行為の類似による連続性とあわせて、ある決定的な不連続も生じていた。一四九二年問題は、外なる他者の発見にともない、まもなくその派生系として二つの問いをひらいていく。

スペインが対応をせまられた第一の課題は、他国に先がけて広域におよぶ土地の領有が可能となった結果、外なる他者とのありうべき関係、つまり彼らを含めた新たな政治共同体の姿と、法による彼らの位置づけを構想しなければならなくなった点にある（松森 二〇〇九：一一―三、一六―一八）。スペインによる新世界の領土拡張は一六世紀後半までに終了し、先住民も未知の「野蛮人」から統治体制下の「臣民」へと移行はするものの、強制労働を可能にする住民の法的地位について、本国とはおよそ異質な植民地の空間と、飛躍した暴力の形態とが、そこに現出していたことにかわりない。本国ではそれまで特権的な少数者を意味してきた「騎士」の身分も、いまや新世界ではすべての武装者に拡大適用され、事実上その価値を消失している（ハンケ 一九七四：二一―二二）。ラス・カサスもだから、彼らをコンキスタドールならぬ「ティラーノ（暴虐者）」の呼び名で扱っていた[26]。

特異な空間の内部で暴力の継続と飛躍を可能にする法の問いは、その深部でいっそう厳粛な第二の問い、倫理の問いへと繋がれていた。新世界で凄惨な暴力の標的となった「野蛮人」、インディオの本性とは何か。この先例なき外なる他者は、いかなる資格で人間といえるのか。一六世紀前半のスペインでは、聖職者や貴顕のあいだでこの問いをめぐる思想上の激論が交わされた。

一四九二年が西欧の自己意識にもたらした変容の特質は、当の意識をその鏡に映して定礎すべき文明と野蛮の境界が、中世来の信仰の有無から理性の有無へと移行した点にある。論争の頂点をきわめた一五五〇年のバリャドリード会議では、アリストテレス『政治学』に言及のある「自然奴隷 servi a natura」、すなわち完全な形で理性をもたない者はそれだけで生来の奴隷であり、理性と徳をそなえた人間が労働を免れるべく彼に奉仕しなければならないとするこの概念を、インディオに適用し、新世界の武力征服を継続していくことの思想上の是非が争われた。[27] 国王教書とインディアス枢機会議が召集した有識者のうち、会議の場は事実上、セプルベダとラス・カサスの二者対決となる。アリストテレス哲学は、スコラ学による一三世紀の摂取を経て、当時のスペインでは絶対的な権威を獲得していたことに加え、セプルベダは『政治学』のラテン語訳を手がけるなど、斯界の碩学として知られていた。論争の敵手のように新世界を訪れた経験もないセプルベダは、インディオが自然奴隷に当然該当し、彼らへの布教はスペイン国王が教皇から授かった使命であるため、新世界での戦争行為は法にかなう正義だと主張する。これに対し、新世界でみずからが目撃した暴力の惨状を糾弾するドミニコ会士ラス・カサスは、インディオも理性を有する権利主体としてはスペイン人と同等の存在である以上、教皇により布教の使命を負託されたスペイン国王は、武力征服と奴隷労働を即時停止し、福音の伝達を通じて彼らの自発的な改宗をめざすべきだと反駁していた。

ラス・カサスが新世界への初渡航をはたしたのは一五〇二年、またインディアスの惨状を告発する彼の著述活動の盛期は五〇年代であり、わけても『インディアスの破壊についての簡潔な報告』のフランス語訳刊行は、『エセー』第一巻・第二巻刊行前年の一五七九年である。彼はモンテーニュより半世紀早い旧教徒のひとりであったが、すでに一六世紀初頭のスペインでは、エラスムスの人文主義が聖職者を中心に数多くの共鳴者を生みだしていた。新世界の住民を擁護するラス・カサスの著述には、先の「理性」にかぎらず「野蛮《バルバロ》」や「慣習」についても、『エセー』の書き手を――レヴィ＝ストロースさえをも――彷彿とさせる表現がそちこちに見いだせる。

「わたしたちはこれまでくりかえし、数多くの箇所で、バルバロという用語や言葉を使ってきたし、大勢の人がこのインディアスの人々や他の民族をバルバロと呼び、そう見なしている［…］しかし、思うに、この言葉はしばしば誤用され［…］したがって、そのような不正確さや曖昧さを避けるため［…］どのような民族がバルバロと呼ばれてしかるべきなのか、説明したい［…］彼らがわたしたちにとってバルバロであるのと同じように、彼らにとっても、わたしたちはバルバロなのである」（ラス・カサス一九九五：三〇七、三二四）

ラス・カサスによる「野蛮」の定義は、文化や慣習の相違をふまえた語義と、人間性の優劣にかかわる語義とを峻別することによって、双方の癒着の解除をはかるものだった。とはいえ、ドミニコ会士である彼にとり、キリスト教とその慣習が至高の価値をもつという前提に揺るぎはない。その一点にかぎっては、文化間の差異と優劣との切断がなされず、またインディオの文化の豊かさを例証しようとするあまり、彼の記述には少なからず誇張も生じていた。だが、食人や人身供犠のような「悪習」にさえ、それが完全な理性をそなえた人間の慣習であるかぎりは存在理由というものがあり、またすべてのインディオが優れた理性をもつわけではなく、どの社会にも理性を欠く諸個人は必ずいるという発想にまで彼が到達していた点は、このさい特筆に値する。(28)

ラス・カサスは、新世界で展開される暴力に、世界の破局と終末の感覚をつよく抱いていた。彼は先の『簡潔な報告』において、みずからが「法則《レグラ》」と呼ぶものの効力を、読者にくりかえし伝えようとする。それは征服のレグラ、すなわち「スペイン人は新たに人びとや土地を発見すると、殺戮と破壊に耽ったが、回を重ねるごとに、神や隣人に対してますます非道な行為や邪悪な仕打ちに及んだ」(ラス・カサス 二〇一三:一七九)という、悪の加速と膨張の認識である。インディアスの「発見」とはすなわち破壊であり、彼はその先に、神の審判による世界の終末を透視していた。未完に終わった浩瀚なクロニカ、『インディアス史』の読者として彼が想定していたのも、神と「後世」にほかならなかったのだし、かりにインディアスの破壊と同様の暴力が他の土地でも同様の期間にわたり継続したならば、人類についての記憶は今日もはや存在していなかっただろうとも彼は考えていた。[29]

ラス・カサスの思考における文化相対主義的な志向にしても、特異な終末観にしても、それらがひとえに、カトリシズムの信仰をふまえて成り立つ倫理の表出であったことにかわりはない。その点でいえば、たしかにモンテーニュも「馬車について」の冒頭で、ある終末について次のように記していたことが想起される。

「もしもわれわれが、いま世界で見えていない部分を、見えるようになれば、事物が不断に増加しながら、次々と有為転変を繰り返していくことを悟るにちがいない［…］そしてわれわれの世界は最近、もうひとつの別の世界を発見するに至った［…］このもうひとつの世界は［…］あまりにも新しくて、子供なので［…］われわれの終末は近いという結論が正しく［…］もうひとつの別の世界は、われわれの世界が退場していくときに、やっとその光芒を現すことになるのだろう［…］でも、わたしがすごく心配なのは、われわれが感化・伝染によって、この新世界の没落、崩壊をとても早めてしまうのではないか、われわれの考え方《オピニオン》や技術《アール》を受け入れることで、大変な代償を払うことになるのではないかということだ」（モンテーニュ 二〇一四：二五二―二五四）

一読して明らかなとおり、彼のいう終末とは、ドミニコ会士ラス・カサスが戦慄したような神罰の帰結ではなく、諸物のたえざる流転にともなう「われわれ」の終末を意味している。そもそもモンテーニュは、神の摂理を「神罰」のような単純さ、人間にとっての都合のよさで「理解」などしない。そしてこの箇所につづけて彼は、先に引用したインディアスの破壊に対するあの激しい憤りを表明するのだった。神意とは無縁な、いわば超越をひとまず排した次元で人間のきたるべき終末を確信し、かつ「新世界」におけるその破局の加速を予感すること。この点についてもまた、カトリシズムの伝統を後ろ盾としないばかりか何らの信仰をも背景とせずに四百年後のレヴィ=ストロースが抱くことになるあの「悔恨」(『悲しき熱帯』)、そして人間の営みの最後に残るというあの「無」(『神話論理 裸の人』)の夜が、モンテーニュの延長線上で想起されてはこないだろうか。

＊

外なる他者をめぐる一四九二年問題の展開を、以上のごとく簡略に確認したうえで、本書九二年講演の主たる話題、フランスのブラジル入植夜話にまでようやく立ち返ることができる。フランスは、イベリア半島を拠点とするヨーロッパ海上貿易の寄港ルートから大半の港湾が外れていたこともあり、商人も船乗りもじつに一五世紀末まで、地中海との貿易にさえ消極的な姿勢を示していた(30)。また、コロンブス第一次航海直後の一四九四年に、おりしもイタリア戦争が勃発したため、フランス王権の関心はそこに集中し、国家主導の大西洋進出も出遅れた。九二年講演でもわずかに言及のある「ビノ」(本書八五頁)、すなわちオンフルール出身の交易者ビノ・ポルミエ・ド・ゴヌヴィルによる一五〇四年のブラジル到達は、ポルトガル商船による新世界交易の活況に触発された民間レヴェルでの冒険だった。フランス王権が一六世紀に関与した新世界との接触の試みは、一五二〇年代の北米東海岸探検、三〇年代のカナダ入植、五〇年代のブラジル入植、六〇年代のフロリダ入植の四回にすぎず、そのいずれもが惨憺たる幕切れとともに潰えている。

このうち世紀中葉のブラジル入植計画を推進したのは、本書の九二年講演録でもヴィルガニョンの名で記される、ヴィルガニョン領主ニコラ・デュランである。知られるように、新世界をめぐる当時の領有権は、ローマ教皇発布の一四九三年贈与教書および翌九四年のトルデシリャス二国間条約が定める子午線の分割に従って、子午線以東にあたる現ブラジル東部はポルトガル領とされていた。そのため、ブラジル沿岸に近づく他国船はポルトガルの領有権を侵犯していることになるはずだが、対するフランス王権は、半世紀も前の取り決めにすぎない教皇子午線の法的効力などもはや認めていなかった。加えてフランス商船は、赤色染料の原材となるブラジル木(パウ・ブラジル)を求めて、一五二〇年代からブラジル東岸まで頻繁に出航し、とくにいまだポルトガル支配の空白地域にとどまっていたグアナバラ湾(現リオ・デ・ジャネイロ)では、現地住民トゥピナンバとも交易上の友好関係をきずいていた。一五五五年七月、ヴィルガニョンが総勢約六〇〇名、三隻からなる第一次入植船団を率いて向かったのも、このグアナバラ湾だった。

ヴィルガニョンの第一次入植団に、従軍司祭と修史官を兼ねて加わっていたのが、フランシスコ会士アンドレ・テヴェである。テヴェは、歴代四人の国王に王室地誌編纂官として仕え、カトリーヌ・ド・メディシス付の司祭もつとめた人物である。とりわけブラジル渡航以前には、中東各地の長期滞在から得た見聞を『東方地誌』にまとめるような経歴も持ちあわせていた。ただその一方で、世界地誌学者を自称するテヴェの記録は、信憑性を欠いた粗雑な情報の寄せ集めに近かった。それゆえ、「知識をためては何でもかんでも書き散らすような」(本書八九頁)テヴェの作風は、モンテーニュとレヴィ゠ストロースにかぎらず、かねて非難の的となってきた。テヴェのブラジル渡航にしても、ヴィルガニョンの船団がグアナバラ湾に到着するのが五五年一一月一〇日、テヴェが一行に見切りをつけて現地を去るのが翌五六年一、二月とされているから、彼が現地を見聞した期間は二、三カ月にすぎない。得られた情報は甚だ不足しているにもかかわらず、雑多な二次資料や古典古代の典籍を寄せ集めた荒唐無稽な「記録」を手早く発表したために、帰国翌年刊行の『南極フランス異聞』にしても、その後刊行された『世界地誌』中のブラジル関連箇所にしても、レリーからその内容を全面否定されたところで致し方ない水準にとどまっていた。

ヴィルガニョンが入植の本拠としたのは、グアナバラ湾内に浮かぶ小島(現ヴィルゲニョン島)、当時でいうコリニー砦だった。ところが、岩地のために耕作はできず飲み水も得られないという入植環境の苛酷さから、やがて一団からはトゥピナンバの村に逃亡する者や、テヴェのような帰国者が続出するほどの危機がおとずれる。そこでヴィルガニョンは、パリ大学で教会法を学んでいた頃の学友でもあるジャン・カルヴァンその人に書翰をしたためて、現地の補強人員、および入植者を精神的に指導しうる人材の派遣を懇請した。当時のカルヴァンといえば、カトリックによる迫害の手を逃れた改革派の拠点ジュネーヴで、神権政治の厳格な体制を確立してからすでに十数年が経とうとしている晩年の彼である。対するヴィルガニョンは、青年期からマルタ騎士団（ヨハネ騎士修道会）に加入してきた旧教徒であったが、最後にはみずからも改革派に転じている。他の入植者にかぎらずヴィルガニョン個人にも、入植事業の難航から頭をもたげた何らかの宗教的煩悶、また改革派の参加により事態は好転するとの期待のあったことがうかがえる。はたしてジュネーヴからは、牧師二名を含む一四名の派遣が約束された。総勢約二九〇名からなる第二次入植団は、一五五六年一一月に本国を出帆し、翌五七年三月に現地到着する。当時弱冠二二歳のジャン・ド・レリーも、この一行に加わってブラジルの地を踏む入植者のひとりであった。本書九二年講演では、テヴェの現地到着が「ほぼ間違いなく、テヴェがじきに帰国しようとしていた時期」だとされているが、じっさいはレリーがブラジルに着いた時点で、テヴェはすでに帰国していた（レリー 一九八七：一一〇）。

ヴィルガニョンの期待に反し、第一陣入植者とジュネーヴ派遣の新教徒のあいだでは、まもなく本国の混乱を再現する陰惨きわまりない対立が生じ、入植団は瓦解への道をひた走っていく。五八年一月にはレリーも失望のあまり現地を見捨てたのち、コリニー砦はポルトガル軍による六〇年の砲撃で、完全に破壊されてしまった。

フランスに帰国したあとのレリーは、一五六〇年にジュネーヴの市民権を得たのち、牧師の資格も得ている。ただ、ブラジル入植地で目の当たりにしたヴィルガニョンの背信ぶりと、ジュネーヴ派遣団に対してなされた迫害への怒りから、彼はコリニー砦壊滅直後の六一年、『一五五五年より五八年に至るニコラ・ド・ヴィルガニョン支配下ブラジルに生起せる記憶すべき事ども』と題する全四八頁の匿名パンフレットを世に送っている。加えて、九二年講演の言葉を借りれば、「サン＝バルテルミーの虐殺にも、サンセールの包囲にも」その場に居あわせながらかろうじて危機を逃れるなど、「地獄も震撼する」宗教戦争の渦に、彼はまともに呑みこまれていった。事件直後の七四年には、『サンセール市の忘れ得ぬ事ども』と題する著作も彼は発表しているが、入植地での見聞をふまえた『ブラジル旅行記』は、ついに七八年まで刊行の目を見なかった。『ブラジル旅行記』が、新世界の自然と住民に関するきわめて詳細な一六世紀のテクストとして古典の地位を得ていることは周知のとおりである。若き日のレヴィ＝ストロースも、ブラジル渡航直前の一九三四年末にこの古典と出遭い、「民族学者である私が片時も手離さない」ほどの格付けを同書に与えている[31]。

＊

「発見」された新世界に対峙する聖職者らの行動は、具体的な事実を掘り下げていけばいくほど、宗教改革期のヨーロッパをつらぬく暴力の波紋がそこに深く刻みこまれていたことが知られてくる。ただ同時にそこからは、カトリックとプロテスタントという宗門間の対立と交叉するように、各人の生をめぐるもうひとつの境界線が現れてくるように思われる。それは一言でいって、新世界との関わりから自社会で何をすべきか、自国をいかに変えられるかを考える生と、行った先の新世界で何ができるかを考える生との対照である。「ヴィルガニョンはブラジルで何をしようとしたのだろう」――『悲しき熱帯』の著者も、四百年後のグアナバラ湾でそう洩らしていた（レヴィ＝ストロース 二〇〇一a：一二八）。わずか五年で壊滅したコリニー砦の「コリニー」とは、のちにフランス改革派の闘将としてサン＝バルテルミーの年に虐殺される、ガスパール・ド・コリニーにちなんだ命名である。とはいえ、この砦が築かれた時点では、ヴィルガニョンとおなじくコリニーも、いまだアンリ二世の側近に侍る旧教徒だった。本国で迫害される新教徒を呼び寄せて、宗門の対立なき共和の一団を新世界に現出させるというヴィルガニョンの計画も、あるいは自国でのわが身の前途を多少とも計算した口先だけの夢物語であったのかもしれない。しかし、フランシスコ会の軽快な旅人テヴェはともかく、[32] 少なくともレリーをふくめた第二次派遣団の入植者たちは、信仰の自由が約束された改革派の楽園という表看板に各自の夢を繋げていたからこそ、命のあてもない渡航を決意し、そのあげく自分の落ちた罠の深さに憤激してもいたはずである。[33]

自社会の変革を考える生と、行った先の新世界で何ができるかを考える生。この区分にしたがうならば、たとえばラス・カサスの生は、その双方をまたいでいたといえるだろう。彼は、新世界の住民に対する自国の政策をいかに変革すべきかという生涯の闘いに先立って、エスパニョーラ島、キューバ島での実体験をふまえた平和的布教論の原型にあたる労働共同体モデル『一四の改善策』を、一五一六年に作成している。改善策の骨子は、どれも集産主義的、人道主義的なユートピアの表明にすぎず、非現実的であるとの評価がこれまでなされてきたというが、奇しくも同年に発表されたトーマス・モアのあの一書が架空の『ユートピア』を描いていたのに対し、ラス・カサスが策定したのは、あくまでインディアスの現実を変えるための再建案であったこととの違いは大きい（染田 一九九〇：五三—五九）。

個体の生きざまにかかわるこの境界線は、そしてむろん聖職者の生のみを分かつ指標でもなかった。一六世紀フランスにかぎっても、新世界への入植計画にともなう人員の確保は、つねに難航をきわめた。一五三〇年代のカナダ入植では、入植希望者が集まらなかったため、最後は異端罪、大逆罪、貨幣偽造罪以外の罪状で服役する囚人からの徴募が、王命により許可された。五〇年代のヴィルガニョンも、国内で弾圧される新教徒から一定数の応募が見込めるという当てを外し、カナダの先例と同じく、パリやルーアンの監獄から服役者を徴募した。カルヴァンに懇願して成った第二次入植団も、ジュネーヴ市民からの応募は皆無で、レリーも含め、ジュネーヴで居住権のみを認められたフランスからの亡命者一四名を集められただけだった。そして最後に、本国で宗教戦争が勃発した六〇年代のフロリダ入植に際しては、「改革派の楽園」という謳い文句に望みを託した新教徒のほか、イタリア戦争の終結により居場所を失った貴族・兵士層からの応募がたしかにあった。だが、新天地での生活に必要な準備を欠いていたため、入植者の小社会には時をおかずして飢餓と内紛が頻発し、最後はスペイン軍の急襲により、入植拠点も皆殺しにちかい状態で壊滅するのだった。被抑圧者、亡命者、失職者、浮浪者、そして非行・犯罪者。自社会の内なる他者として周縁化されたあげく、市民社会の外部、つまり植民地の労働空間へと赴く／赴かされる民衆の群れ。想えばそれは、発端のコロンブスから英仏の植民地帝国にいたるまでとぎれなくつづいた常套の構図ではある。[34] この次元に、もはや新たな社会の建設や社会変革の企図はない。自社会ですべきことも行き場も失くした結果、あとは行った先の土地に賭けるしかなかった諸個体の隊列が続くばかりである。

＊

モンテーニュは、むろんインディアスまで行かなかった。彼は新世界に関する情報を、一五六八年にフランス語訳が刊行されたロペス・デ・ゴマラ『インディアス全史』など、征服初期のクロニスタの記録から得ていた。文献に加え、ヴィルガニョンが到来する以前からグアナバラでの滞在経験をもつフランス船員や商人とも面識があったことは、本書九二年講演で紹介されたとおりである。

これに加え、モンテーニュがフランス国内でいちどだけ新世界の野生人とじかに接触し、その時の様子を『エセー』に記していた事実は、あまりに有名であろう。大西洋をしげく往来していた当時の商船のなかには、ブラジル先住民を「積荷」の一部として本国まで連れてくる船もあった。ヴィルガニョンの渡航に先立つこと五年、一五五〇年に現ルーアンで新王アンリ二世の来訪を祝賀する祭典が催された際、トゥピナンバの「食人種」約五〇名が「ブラジル村」の住人として展示され、貴顕・公衆のまえでダンスや模擬戦を披露している。しかも、野生人に似せて顔と体を彩色した裸の水夫約二〇〇名もそこに加勢し、本物と外なる他者の日常生活を再現していた。彼らは言葉も身ぶりも野生人と瓜二つで、の見分けがつかないほどであったという。この祭典に、モンテーニュは出席していない。『エセー』での自己申告によれば、国内で第一次宗教戦争が勃発した一五六二年、彼は当時一二歳の新王シャルル九世に随行してルーアンを訪れ、そこで三人のトゥピナンバ人と対面し、通訳を介して彼らとしばし言葉を交わしたことになっている。他方で二〇一〇年代のモンテーニュ研究では、それがモンテーニュの記憶違いであり、おそらくは六五年ボルドー訪問時の出来事だったという史実の修正が試みられてきた(35)。いずれにせよ、野生人との直接対面について、こればかりは忘れえぬ問いとして『エセー』に綴られたあの挿話は、いまの脈絡でもやはり重要であるだろう。

「[…]今は亡き国王シャルル九世が、その地におられたときの話である。王は、ながいあいだ、彼らと話をなさった。彼らに、われわれの生活様式や、豪勢な儀式や、美しい町のすがたを見せたあとで、なににもっとも感銘を覚えたのかを知りたく思って、ある人が感想をたずねてみた。すると彼らは、三つのことを答えた。三つ目は、残念ながらわたしは忘れてしまったのだが、残りの二つはまだ覚えている。彼らが答えるには、「まず第一に、王様のまわりには、武装して、ヒゲを生やした、ずいぶん体格のいい男たちがたくさんいて(どうやら、国王の警備にあたるスイス兵のことをいっているらしい)、そんな子供にひれ伏しているけれど、なぜ、自分たちのなかからだれか選んで支配者にしないのか、不思議でならない。第二に、あなたがたのなかには、あらゆる種類の豊かさを、あふれかえるほどに持ちあわせている連中がいる一方で、その〈半分〉《モワチエ》（彼らのことばでは、おたがいに相手のことを〈半分〉と呼んでいるのだ）が、門口で乞食をして、飢えと貧しさとで骨と皮だけになっている。それなのに、この貧困にあえぐ〈半分〉が、このような不公平を耐えしのんで、他の〈半分〉ののど元につかみかかっていったり、その家に火を放ったりしないのが、不思議でたまらない」というのであった」（モンテーニュ 二〇〇七：七八―七九）

なぜ自分たちのなかで首長を選ばないのか。なぜ持たざる者たちが富者に向かって不満をはっきり示さないのか。宗教戦争の暴虐ぶりにただ慄然とするモンテーニュは、混乱と暴力しかもたらさない「改革」の夢にも嫌悪を催すばかりであったが、この挿話にかぎっては、「自国をいかに変えられるか」から遠ざかろうとする彼を、野生の他者に人間の希望を繋ごうとする彼自身が乗り越えてしまったかのようである。自社会で何をすべきかを考える生と、行った先でなにができるかを考える生が、彼の想像力の内側で一瞬交叉しながら放った閃きについて、ある研究者はつぎのようにも表現していた――「彼らを内側からもっと観察するために、こんどは自分のほうが食人種のただなかに移動する。法服を脱ぎ捨てるや、モンテーニュは食人種へと変身する」(Desan 2014: 171)。新世界にたいするふたつの生き方の差異と交錯は、モンテーニュ自身というより彼の盟友エティエンヌ・ド・ラ・ボエシから二〇世紀のピエール・クラストルへと、つまりは『自発的隷従論』から『国家に抗する社会』へと到る思想のはるかな回路に向けて、この挿話でそれと知らず予告されていたことになるだろう。

ならば最後に、レヴィ＝ストロースの生はどうであったか。彼は九二年講演で、テヴェとレリーの対立には、民族誌家どうしのたんなる内輪もめよりも「はるかに深刻な事情」として宗門間の諍いがあったことを示したのち、モンテーニュが、新教徒側の情報源に信を寄せていた点を指摘する。ブラジル入植夜話との関連で講演者がじっさいに口にしたのは、そこまでである。ただ、幸いにもこの講演が半世紀以上前の三七年講演と並べて採録された本書を一読するとき、私たちにはまたべつの問いへの眺望が展がってくるだろう。晩年にモンテーニュへ回帰したという彼は、若き日に、自社会におけるもうひとつの内なる他者すなわち民族学者となるべく四百年後の「新世界」を訪ねたとき、自社会の直接的な改造をめざす革命的意志とはべつのいかなる生を、行った先の南方で生きなおそうとしていたのか。

Ⅳ　内なる他者の信ずる生

一四九二年問題の視点のもとでは、新世界に見いだされた外なる他者への対応が、イベリア半島の内なる他者への対応と確実に連動していた。ふたつの他者の出現は、連動というよりむしろ、「普遍の教会」なり「単一の国家」なりといった概念に依拠して自己の同一性への執着を急発進させた西欧の歴史主体による、おなじ統治の所産であった。このうちとくに、同一性の空間から「ユダヤ教徒」が駆除されていく一四九二年を、ある意味での近代の起点とみなす史観からは、ドイツの一九三三年こそがその意味での近代の帰結だったと捉える思考もひらけてくるだろう。西欧諸国間の外交戦を養分としながら成長したという、一六世紀スペインにまつわる「黒い伝説」も、この視座のもとでは失調し、インディオといわずユダヤといわず、以後の全世界を席捲したすぐれて近代の帰結といえる他者の破壊を予示していたにすぎないこととなるだろう。「征服のレグラ」は、すでに稼働を停止した一六世紀の戦争機械ではなく、「コンキスタと共にはじまったこのプロセスは、まだ終わっていない」（エンツェンスベルガー　一九八七：一八八）のだとすれば。

＊

イベリア半島でユダヤ教徒排斥の動きが顕在化したのは、レコンキスタが進行するかたわら、国内に経済不況や疫病の流行が生じた一四世紀以降のことである。[36] なかでも一三九一年のセビーリャで、ユダヤ人約四千名が暴徒の手で虐殺される事件が生じて以来、ユダヤ人への迫害行動がスペイン全土に拡大した。一四八〇年には、セビーリャに初の異端審問所も設置されている。死を免れるためにカトリックへ改宗するという、過去に前例のない決断に踏みきるユダヤ人が現れたのも、この時期のことである。そして一四九二年、レコンキスタの完了直後にカトリック両王がユダヤ教徒追放令を発布した結果、彼らは、一部の同胞とおなじく自分もカトリックへ改宗して国内にとどまるか、さもなくば現在の居所を棄てて国外に退去するかという最終選択を迫られた。九二年勅令が定める退去期限の三日後までに国外へ逃れ出たユダヤ教徒は一六万人を下らず、うち約一二万が隣国ポルトガルへ逃れた一方、国内で改宗の道を選んだ人びとは、国外退去者の総数を上回っていたと推測されている。だが、頼みの移入地ポルトガルでも、わずか四年後の九六年に同様の追放令が出されるに及ぶや、彼らはまたもや改宗か離散かの決断を強いられた。動乱の百年間にカトリックへの帰依を表明したユダヤ人は、周囲から「コンベルソ＝改宗者」や「新キリスト教徒」といった含みのある名で呼ばれ、以後一九世紀までつづく異端審問の時をつうじ、疑惑と密告の危険にたえずさらされていく。弾圧を逃れて他国に移住した人びとも含め、彼らコンベルソは、その含意のままに――かつユダヤ教の食の戒律に当てつけて――「マラーノ＝豚」と呼ばれた。

時をはるかに遡れば、もともとイスラエル（現パレスティナ）に居住していたユダヤ教徒のうち、紀元一世紀のイェルサレム追放後、数世紀をかけて現在の東欧からライン河流域へと移動していった離散集団をアシュケナージと呼ぶのにたいし、地中海南岸沿いに現在のエジプトからマグレブ諸国へと西進したのち、イベリア半島に定着した集団は、この半島を指す古代ヘブライ語《セファラデ》にちなんでセファルディと呼ばれてきた。彼らセファルディのうち、疑わしきコンベルソとして半島にとどまる生を選んだマラーノのあいだでは、しかし一六世紀以降も他国への離散の波が止むことはなかった。一四九二年時点で半島から去った離散第一陣のあとを追うようにして、アントワープ、アムステルダム、ロンドン、ハンブルクといった、他国の港湾商業都市へと彼らは移り住んでいく。このうちカトリックに真に帰依したわけではなく、表向きはコンベルソとして生きながら伝来の信仰をひそかに守っていたマラーノたちは、都市によってはアシュケナージも混在するその移住先で、おのれの真の信仰を隠す必要のない場を取りもどすこともあった。

一四九二年のスペインで、ユダヤ人が異教徒として駆逐されたのは、くりかえせばレコンキスタに勝利したカトリック王権がその勢いのまま、半島に長らく存続してきた多宗教の豊穣な共生状態を嫌い、国家なる主体の同一性を近代のことば口で尖鋭化させていく過程の所産だった。ただ、半島にとどまるかあるいは他国への移住を余儀なくされた彼ら「マラーノ」の同一性は、まさにその排除を反映した特異な変質をとげていく。ユダヤ教徒は中世後期にいたるまで、キリスト教共同体（レスプブリカ・クリスティアーナ）の内なる他者として、「ユダヤ」の生を生きてきた。だが「一四九二年」は、その彼らから「ユダヤ人」であることの同一性さえ剝奪した。個々人が新たな宗門に心から帰依していようがいまいが、ある時みずからが断ち切ったものと受け容れたものとのはざまで、もはや彼らは、起源をつねに参照することのできる「ユダヤ」ではなくなった。故郷（国家）や信仰（宗門）に支えられた既存の同一性がひしめく近代世界の埒外に投げ出されながら、同時に当の近代の内側で日々生きざるをえない存在、その二重性をいわば顚倒した同一性の表象「マラーノ」として背負うしかない剝き出しの生のまま、彼らは生きはじめることになった（西谷 一九九七：二二―二三）。

内なる他者が、当の他者性すら抹消されたあげくそこへ行き着くしかなかった、いわば同一性の世界を主体の影として生きる外部。ところで、そうした不可視の生を各地に離散させていく主体「オクシデント」の同一性もまた、外部との確たる境界をふまえて成り立ってきたわけではないことをここで確認しておく必要があろう。十字軍がイスラム教徒からの奪還を試みたキリスト教の聖地イェルサレムは、空間としてヨーロッパの外部にあり、また同じくオクシデントの源流とされてきたギリシア・ローマは、キリスト教徒にとっての古典古代といえない。ある時点から復興《ルネサンス》をとげたオクシデントの同一性には、ほかならぬその核心部分に時空間双方の外部が埋めこまれてきた。外部にあるはずの存在が一挙にその核心を通りぬけていくような構造上の謎が、オクシデントの同一性には潜んでいる。たとえば、先にふれたバリャドリード論戦で、外なる他者の生を自由に簒奪できることの論拠としてセプルベダが引証するアリストテレスにしても、オクシデントの内なる他者であったアラブ人やユダヤ人の翻訳実践をつうじてその知が「再発見」されるのは、はやくとも一二世紀後半以降にすぎない。

他者が自己の中心に置かれた「アロサントリック allocentrique」（トドロフ 一九八六：一五二）なオクシデントの同一性めがけて純粋さへの信仰が付着していく近代をつうじ、当のオクシデントに不在の影として散開したマラーノたちは、はたして何を信仰していたのだろう。人間にとって信仰をもつこと、何かを信じることとは、じつはその何かに従ってしまうことを意味してきたのだとすれば、これとは逆に、従わないという生の構えそのものを信ずることは、いかにしても成り立ちえない語義矛盾なのだろうか。

＊

レヴィ＝ストロースは、九二年講演でテヴェとレリーの宗門に目を留めただけでなく、その前年の『大山猫の物語』では、モンテーニュ本人の信仰についても、やや立ち入った角度から近づいていた。

「モンテーニュに信仰があったかどうか、大いに議論されてきた。彼は本心からのカトリック教徒だったのか、それとも、おそらくは社会での勤めのために、念のため宗教的感情を掲げていただけなのだろうか。このようなあまりに単純な言葉づかいで問題を提起すると、西洋の哲学がときおりその徹底的な意図を正しく認めてこなかった［…］ひとつの思考を安く見積もることになろう」（レヴィ＝ストロース 二〇一二：二九四）

けだし然りである。モンテーニュは、なるほど自身が敬虔なカトリックであると明言し、その自己表明にふさわしい信仰実践にも現に勤しんではいた。ただ、宗教戦争の出口がみえないこの時代に、改革派が社会にもたらした混乱を難詰しながらも、責任の一半は旧教徒側にもあるという冷めた認識が、彼の思考から失われることもなかった。モンテーニュは、カトリックとユグノーが何らかの地点で妥協点をみいだして、内戦を収拾に導くためのの方途をまず探るべきと考える第三の立場、ポリティーク派のひとりである。その点との関連で、たとえばバークは、「一六世紀には、ある宗教の方が別の宗教よりすぐれていると考えながら、外面的にはその別の宗教の方に従うヨーロッパ人がいた」事実に注目する。モンテーニュ自身についてはひとまず措くとしても、信仰の身ぶりを生の脈絡ごとに切り替える人びとが、この時代には確実に存在していたという事実の一般性をめぐる確認である。こうした人びととはべつに、モンテーニュに格別の何かがもしあったとすれば、それは「あからさまな言及よりほのめかしの方を好み、一見まったく別の何ものかに関心を払っているようなエセーのなかに、因習にとらわれない見解を隠す」というその文学的な戦術㊲でこそあったとバークは考える（バーク 二〇〇一：四四―四五）。この発想をさらに凝縮させれば、それはレヴィ＝ストロースのつぎの一言にもなるだろう。

「モンテーニュには、世間に合わせる道徳の向こう側に、自分のためだけの別の道徳がたしかにある。すなわち自分の生まれた社会と折り合いをつけて暮らすことが賢いのと同じように、自分自身と折り合いをつけて暮らすのも賢い」（レヴィ＝ストロース 二〇一二：二九七）

モンテーニュは、自己の内奥にひかえる懐疑の思考と一定の段階で折り合いをつけ、同時代の自社会とも折り合いをつけるための唯一の拠り所を、カトリックの信仰と神の恩寵にみいだした。彼の妹は——また一時的には弟も——改革派に宗門を転じているが、モンテーニュの両親は、彼とおなじく敬虔なカトリックとしての生を全うした。そしておそらく母アントワネットは、マラーノの血筋をたどる女性だった。彼女の実家、ルプ・ド・ヴィルヌーヴ(ロペス・デ・ヴィラヌエヴァ)家は、スペインの祖地サラゴサから一五世紀以降、ロンドン、アントワープ、さらにフランスのトゥールーズやボルドーに移住したマラーノの一族であり、スペインでユダヤ教徒追放令が下される以前から、同家はカトリックに改宗して祖地を離れた過去をもつ。このうちアントワネットの父ピエール・ド・ルプ(ペドロ・ロペス)は、大青染料パステルの取引で財を築いた巨商として、トゥールーズ市の新興ブルジョワ層に属していた。『エセー』には母への言及がまったくないというあまりに知られた事実はそれだけに、評伝作家や研究者のあいだでこれまで数々の臆測を呼んできた。(38)

おそらくは事実と推定されるこの背景をもとに、今かろうじて許される試みがあるとすれば、それは個人の出自のさらなる詮索でもなければ、ひとりの母が子に与えた、思想・宗教上の影響をめぐる不毛な類推などでもない。そうではなく、モンテーニュ家をとりまく宗教改革期のフランス社会では、ユダヤ教からカトリックへの転身にしても、あるいはカトリックからユグノーへの転身にしても、マラーノが極限型として体現してきたような影としての二重性を生きる人びとがたしかにいたという、その想像力をふまえた考察であるだろう。影は影であるかぎりにおいて沈黙につながれ、自己の信仰を表明するあれこれの言述をいくら掘り下げてみたところで、ついに信の原像は現れない。二重であればこそ不安定に揺れるその影は、信仰の同一性を不断に強いる社会の解釈格子からも、かならずや逃れていくだろう。生の二重の振幅を、同一性はけっして検知しえないのだから。

モンテーニュに信仰があったかどうかという問いの立てかたは粗雑にすぎると静かに警告するレヴィ＝ストロースは、こうした想像力のもつ厚みをたしかに意識していたように思われる。ならば、信仰をめぐるこの問いを、おなじ厚みのまま彼本人に差し向けることは可能だろうか。冒頭でふれたとおり、彼は一九八〇年以降、抑制を十分に利かせながら沈黙に代えて選びとったとおもわれるあれこれの物語、ことにみずからの幼少期・青年期にまつわる挿話を、口頭で慎重に語りはじめていた。後世への貴重な証言に立ち会う責任から、個々のインタヴュアーにはたとえ迂回することが許されなかったにしても、出自と信仰という、いずれも個人の生そのものの機微にふれる問いを本人に直接差し向けるふるまいは、このうえもなく重く、また深刻である。現にこの時期、とあるユダヤ系ジャーナリストが聞き手となったインタヴューで、「あなたは、ご自分が当初マルクシストだったことと、ユダヤの出身であることについては、挿話をちりばめる以外、いつも口をつぐんできたと言われていますが……」という言葉の挑発に、レヴィ゠ストロースは苛だちを隠そうともしていなかった（Fabre 2012: 278-280）。

八〇年代の代表的なインタヴュー記録『遠近の回想』では、聞き手エリボンが注意ぶかく水を向ける出自と信仰の問いに、レヴィ＝ストロースも応分の誠実さをもって答えている。みずからの出自について彼が語るのは、自分の父母がまたいとこ同士の間柄で契りを交わし、自分が生まれた頃にはパリで暮らしていたこと、両親とも信仰心を持ちあわせていなかったが、母方の祖父はシナゴーグのラビで、父が動員された第一次大戦中はその祖父が暮らすヴェルサイユに家族で移り住み、自分もそこで小学校から高等中学校の途中まで通ったこと、祖父の家ではユダヤの祭式が厳格に守られ、大戦が終わるまでの数年は自分もあらゆる祭礼に出席するなど、ユダヤの伝統が息づく環境にいたこと、ただしラビの妻である祖母には信仰がなく、自分の娘たちをカトリックの女子修道会が経営する学校に入れたりしていたこと、いっぽう父方の祖母は熱心なユダヤ教徒であったが、父の家系には「狂気の種」が眠っていて、親との喧嘩の腹いせにカトリックの司祭になってしまう身内までいたこと、等々である。

ユダヤという出自によって差別を受けた体験については、とくにブラジル調査後、第二次大戦下でニューヨークに亡命する直前の挿話を、レヴィ=ストロースは語りだす。動員解除後の一九四〇年秋、自分は官庁の移転先となったヴィシーへ出向き、リセ教師としてパリでの復職を申請したところ、「お前さんの名前ではパリへやるわけにいかない」と言われ、その後あてがわれたスペイン国境近くのコレージュ教師も、人種法の制定によりわずか三週間で免職となったこと、また、強制収容所での苦難のために父の寿命が早まってしまい、そのことが「私の生涯を根底から変えた」こともたしかであるし、それ以前にも小学校や高等中学校で侮辱された経験はあるけれど、なにぶん自分は戦争中の危機を免れた人間であり、ほかの人びとに比べれば「ごく些細な影響を被っただけ」なのだから、「人類の一部に襲いかかった厭うべき、また運命的な破局的事件について何か意見を言うのは、やはり慎まなければなりません」と述べたあと、彼はふたたび沈黙のうちへと立ち帰るのだった。

すすんで語られたことと、あえて語られなかったこと——『遠近の回想』でレヴィ=ストロースは、長時間におよぶインタヴューのまさに皮切りから、まるで前もって心を決めてきたかのように父方の曾祖父の名をあげ、彼の過去をくわしく語りはじめる。いわく、一八〇六年にストラスブールで生まれた曾祖父イザーク・ストロース(Issac Strauss)には、ヴァイオリンの才能があった。彼は、若くして上京したパリで小さな楽団を編成したのち、七月王政では宮廷舞踏会の指揮者に就き、第二帝政ではヴィシーのカジノを取り仕切る企画責任者に抜擢された。これに加え、イザークは熱烈な骨董蒐集家でもあり、とくに力を注いだユダヤ骨董のコレクションは、のちに彼の名を冠してクリュニーの国立中世美術館の収蔵品となったほどである。一族にとって最も華やかな時代の中心を生きた人物こそ、ベートーヴェンやメンデルスゾーンの楽曲をフランスに紹介した曾祖父イザークである。その栄光のささやかな痕跡は、ヴィシーのストロース邸に宿を得たことの返礼に、時のナポレオン三世が曾祖母へ贈ったブレスレットとして、いまも自分の手許に残っているのだと。

あえて語られなかったことと、すすんで語られたこと――故人が生前保管していた大量の私文書から、ストロース家の末裔であるクロードが曾祖父イザークをいかにかけがえのない存在とみなしていたか、その傍証となる事実が発見されている[39]。私たちがこの人類学者をいま名指すときの「レヴィ＝ストロース」は、たとえば『野生の思考』が刊行される直前まで、じつのところ法の承認する彼の正式な姓ではなかった。もともと父の姓「レヴィ」にイザークの姓「ストロース」を繋げて名乗りはじめたのは、イザークの芸術家肌が「隔世遺伝」して画家となった父レイモンの個人的な思い入れによるものであり、民事上の姓名登録はあくまで「レヴィ」のままだった。そのため、人類学者クロードはある時点で、煩雑このうえないために相応の歳月を要し、また申請には相応の事由を要する民事登録上の姓氏改名手続に踏みきっていた。行政当局は、おそらく一九五〇年代にこの申請をいちど却下しているが、クロードは六〇年秋、当時の法相に宛てて申請書類を再提出する。行政が難色を示しているのは、ふたつの姓が繋げられ、かつ「外国風《エトランジエ》の子音」が混じっている点にあると聞かされた彼は、申請文書の末尾にこう書き添えていた――「アルザスの由緒ある一家族が二世紀ちかくも名乗ってきた姓は、固有名として国有財産に属するものと思料されます」と。はたして翌六一年夏、フランス共和国官報には、姓氏改名申請認可の国務院決定が記載されている。

クロード・レヴィ＝ストロースの祖先は、イベリア半島から再離散したセファルディではなくもう一方のユダヤ離散集団、アシュケナージの末裔である。なかでもドイツ国境に接し、ストラスブール都市圏を擁する一族の祖地アルザスは、広域におよぶアシュケナージ定着分布域の西端に位置する。一八〇六年生まれのイザーク・ストロースの生涯は、一九世紀の百年を貫いてこの土地で展開する、ユダヤ系フランス人の解放と同化の激動を体現するものだった。フランスは大革命期の一七九一年、すべての共和国市民に宗教的信条の自由と平等を保障する施策として、「ユダヤ系市民」の解放を他国に先がけて宣言した。これにともない、とくにアルザス地方では、わずか一、二世代の間に多数のユダヤ人がストラスブール経由でパリに移住し、ブルジョワを範とした新たな市民生活に順応していくという劇的な社会変化がもたらされた。そうした流れのもと、たとえば楽器演奏の才能を元手にアルザスを去ってパリ王立高等音楽学院に二二歳で入学したのち、ロッシーニ率いるイタリア座でヴァイオリンの首席奏者に抜擢され、舞曲とりわけワルツの作曲で令名を馳せ、ヴィシーを社交界と芸術の一大拠点に成長させ、最後は「舞曲のベランジェ」とまで呼ばれたイザーク・ストロース、そのさらに母方をたどる祖父はしかし、一八世紀のアルザス全域で最も尊崇を集めるユダヤ教指導者のひとりであった。

急激な社会変容にも「模範的」に順応し、伝来の信仰を心に秘めつつも、ライシテ（政教分離）をめざす第三共和国の均質な「市民」に同化していったようにみえるからこそ、クロードの祖先をふくめた「ユダヤ系フランス人」の生には、容易に感知しえない二重性の襞が深く刻まれていった可能性がある。レヴィ＝ストロースは、一族の信仰についてインタヴューで問われるたびに、自分の両親や一部の身内に信仰がなかったことを示し、それ以上の回答はとざす傾向にあったと評伝作家ロワイエはいう。しかし、「信仰の不在は、二重の同一性の離れわざじみた維持ときわめて巧みに折り合いをつけることができる」（Loyer 2015: 40）。たとえば、無信仰だというクロードの両親も、フランス市民としての婚姻に先立って、現に宗教上の婚儀をシナゴーグで交わしていた。クロードがエリボンとの対話で口にした父方の血脈にひそむ「狂気の種」にしても、同一性の離れわざじみた統合がつねに不安定な均衡のうえでかろうじて成り立っていたことを、その喩は暗示するかのようである。親への腹いせでカトリックの司祭になってしまった男のほかに、クロードはもうひとり、聖書解釈に取り憑かれて自殺した叔父が父方にいることも、対話の場で明かしていた。

曾祖父イザークが、一八六一年に時のフランス皇帝を自邸へ招いたまさにその街ヴィシーで、一九四〇年の小役人から「お前さんの名前ではパリへやるわけにいかない」と痛烈に侮辱されたとき、はたして彼の曾孫は、あの「狂気の種」を闇のはざまでただちに扼殺することができただろうか。少なくともクロードは、その五年前のブラジル現地調査で、ボロロ社会に息づく日常と霊界の混在ぶりに瞠目しながら、ヴェルサイユで母方祖父が守っていたシナゴーグへと続く、あの長い屋内回廊のヴィジュアルを想起していたはずである(レヴィ=ストロース二〇〇一b：六四―六五)。そして晩年、曾祖父イザークやユダヤ文化全般からみずからが継承した要素について問われるごとに、彼はその応答として、音楽と古物蒐集で開花した曾祖父の芸術的感性、そして書を重んじひたすら書にふれようとする書物の民ユダヤの文化特性を挙げていた。用意周到なこの回答に従えば、宗教はレヴィ=ストロースのうちで象徴界へと溶解し、宗教のもつ聖性は、美的経験にまつわる複数の次元へと拡張をとげたと解釈することもたしかに可能ではあるだろう（Fabre 2012: 283）。ただし、『神話論理』最終巻『裸の人』で、「宗教が死滅するそのときに、芸術作品は単に美しい存在であることをやめ、聖性を帯びていく」（レヴィ＝ストロース 二〇一〇：八二〇）ことをたしかに同様の趣旨で説く彼は、同書の最終章「終曲」で、精神と世界の関係をめぐる見すごしがたいまでに根源的な何ごとか、すなわち「宇宙に内在する、主体なき合理性」の存在を語り始めてもいなかっただろうか。

「説明できるものは説明するが、他のことについてはしばらく説明を控えるという、研究者の第一の義務を軽んじ、哲学者らは個人の同一性という貧相な宝物を護持できる避難所をつくることに懸命になっている。そしてふたつのことが同時に起こりえないので、彼らは主体のない合理性よりも合理性のない主体を選ぶ。しかし、仮にそれ自体において考慮された神話が不条理な物語に思われるとしても、ひとつの隠れた論理がその不条理性のあいだの関係を支配している。非合理的なものの頂点にあると思われる思考が、後に科学的知識の発展に伴ってこの合理性を内面化しそれ自体合理的になるという以前に、合理性の枠のなかに含まれている場合もある。哲学や歴史において「意識の進歩」と呼ばれているものは、ふたつの型の先行的に存在する合理性を内面化する過程に相当する。ふたつの型のうちのひとつは、宇宙《ユニヴェール》に内在し、それがなければ、思考は物事に達することはできないだろうし、科学も不可能であろう。もうひとつはこの宇宙に包含された客観的思考であり、これは、自律的、合理的な仕方で作動し、やがて周囲の合理性を主観化し、それを手なずける《ドメスティケ》のに役立つように活動する〔…〕しかしながら、だからといって、わたしが宗教に誘っているように捉えるべきではない〔…〕かりに構造主義が科学と信仰の和解を図らず、ましてやそれを擁護するようなことはないとしても、宗教的感情が人間の歴史においてこれまで保持し、今も保持している位置を前の世代の自然主義や経験主義よりはうまく説明したり、評価することができるということは感じている。それは、世界と精神、因果性と合目的性とのあいだの断絶は、物事の現実に対応するのではなく、知識のもとになっている知的・精神的手段は、研究対象の大きさや本質とはけっして同じ尺度に達することはないということからくる、知識が到達しうる限界に対応するというぼんやりとした直観である」(前掲書：八六一―八六二、一部改訳)

「宇宙」をめぐる同様の直観は、そして八〇年代の『遠近の回想』でも、和らいだ語調でくりかえし表明されるだろう。いわく、「宗教」という言葉がもっぱら人格神との関係をさすのなら、自分にはまるで宗教心がないと断言できるが、宇宙、またはその中での人間の位置という問題が人間の思考では原理的に解決しえないという思いは、いっそう深まってきているのだと（レヴィ＝ストロース＋エリボン 一九九一：一八）。彼のいう宇宙には、それゆえ神も、そしておそらくは摂理さえ存在しない。宇宙に内在する合理性とは、神にせよ人間にせよ、それら諸主体の同一性から思考を解いていくための支えとして呈示された「構造」の、さらにその根底を支えてきた何ごとかであるとすれば。

レヴィ＝ストロースは、じつに繊細な論理のもとでみずからの無信仰をこのように表明する。一方のモンテーニュは、読み手の価値判断を攪乱するような入り組んだ措辞のはざまで、みずからの信仰を表明した。信仰という言葉にはそもそもいかなる主体の同一性が前提とされてきたかを顧みようともせずに、「彼には信仰があったかどうか」を性急に質す問いの立て方が、ひとつの思考を「安く見積もる」結果に終わるというレヴィ＝ストロースの警告は、ならば彼自身の思想についても送り返される必要がある。

くりかえせばモンテーニュは、神への厚い帰依を表明するかたわら、その恩寵が人間の言語では翻訳不能であることの周辺に懐疑の停止点をさぐり、自己の懐疑が社会とのあいだで、また懐疑する自己とのあいだで折り合いをつけられるよう抑制をかけた。省察の困難は、同時代一六世紀の宗教戦争が自国の社会にもたらした混乱とも分かちがたく結ばれていた。自己と自社会との、そして自己自身との距離にかんする同様の、だが二〇世紀に固有の課題を本書三七年講演から語りはじめていた人類学者は、このディレンマに途中で折り合いをつける方法論から一歩を踏み出して、神を措定せず、主体の同一性さえ前提としない「構造」のイメージに明確な輪郭を与えることで、「科学と信仰の和解」を試みたと受けとめてもよいだろうか。もしそうだとしても、彼のいう「宇宙に内在する合理性」とは、ひとによっては神と呼んできた信仰の投射物として、主体なき構造になおも外部から君臨してしまうひとつの超越なのか、それとも実体概念としての外見を擬さないかぎり言語化しえない、存在論哲学の「無」に近い事態なのか。ただ、それ以上にいま問われるべきは、もはや宗教戦争の一六世紀ではない二〇世紀のいかなる困難から、彼の「無信仰」は一個の思想へと彫琢され、最後にモンテーニュへと回帰したかという点にこそある。

＊

パリでの教職復職をヴィシーでむなしく願い出てから二年を経た一九四二年、レヴィ゠ストロースは、第二次大戦でフランスが敗北した理由に関するメモランダムを作成していた。彼はそのなかで、ナチスによる全体主義の展開とは、ヨーロッパが過去一世紀半にわたり世界全体に築きあげた植民地支配のモデルを、それより狭い空間で、かつ凄惨さを増幅させて再演したものであり、ヨーロッパに現在下されている罰は、ヨーロッパ自身が創りだしたものに他ならないと記していたという。このメモでは、帝国主義と資本主義が意識されているため「過去一世紀半」とされているが、後年の論考では、植民地支配が論理的・歴史的に資本主義に先行していたこと、また資本主義とは、それに先行して西欧が土着の人間を扱ってきたやり方で自社会の人間を扱う体制を意味することなどが指摘されるようになる（渡辺 二〇一九：九八―一〇一、一七八）。歴史認識をこの範囲にまで拡張すれば、一四九二年問題も彼の思考の射程には当然収まっていたはずである。

ナチズムやアパルトヘイトの原型にあたる制度的抑圧が、すでに植民地帝国の内部に埋め込まれていたという発想は、たとえばエメ・セゼール以降、戦後知識人がたびたび表明してきた見識ではあるだろう。とはいえ、西欧の自国で社会主義活動に専心するだけの彼だったならば、「西欧の人間が土着の人間を扱ってきた」その現場、しかも近代史上最古の現場にまで戦間期の時点から足を向け、同時代の全体主義をはじめ、西欧が長らく他者に対して犯してきた罪と過ちを西欧の外部から省察する発想は、なかなか生まれてこなかったにちがいない。

西欧が民族学を生みだした唯一の社会であるのは、みずからが他者に引き起こした過去への強い悔恨に苛まれてきたためであり、民族学者はその存在自体が贖罪の象徴であると『悲しき熱帯』に記されている点についてはすでにふれた。この人類学者の語彙論を考えた場合、「悔恨」とは本来キリスト教起源の概念であり、同じ起源をもつ「内省」とともに、それは「辱められるか虐げられたかした人間の身になってものを考える」生の構えを説くものである。したがって、「内省というキリスト教的弁証法を、個人のレヴェルでなく社会的なレヴェルで反復したものが、民族学である」と解釈したのは、オクタヴィオ・パスだった(パス 一九八八：一〇一―一〇二)。パスはその際、悔恨が宗教上の起源をもつ感情であることを、『悲しき熱帯』の著者はどれほど意識していただろうかと自著の読み手に問いかける。ならば、当のパスに向けておなじく問われてもよいのは、この語彙論の延長でパスがニーチェの「ルサンチマン」を考察に導き入れるとき、ルサンチマンから生ずる「奴隷道徳」の淵源としてニーチェ自身が表象していた弱者こそ、ローマの圧制下で虐げられていた離散以前のユダヤ教徒である事実を、パスがレヴィ＝ストロースの「悔恨」にどれほど意図して重ねていたかという点になるだろう。

＊

烙印の地獄。新世界の征服直後は、スペイン人のあいだで盛んに奴隷が売買され、そのたびに奴隷の顔面には、新たな所有者を示す鉄の焼印が次々と押されていき、なかには判読不可能な本のように変形した顔をもつインディオも目撃されていた(トドロフ 一九八六：一九〇）。その壮絶な罪と暴力の空間に目を背けず向きあうことは、一四九二年といわず植民地帝国とナチズムの二〇世紀といわず、たとえば「負債」の地獄として、いまだ私たちに問われ続けている思考の課題であるだろう（グレーバー 二〇一六：四六五―四七二）。レヴィ＝ストロースは、新世界「発見」五百年の節目にあってもなお、侵略と破壊に他ならなかったその過去に対する「敬虔さと心からの後悔」という語彙を繰り返し用いていた（レヴィ＝ストロース 二〇一二：一〇）。

自社会をいかに変えられるかを社会主義ではないしかたで問うために、行った先の新世界で何ができるかに賭けようとしたブラジル調査者は、だがいうまでもなく、二〇世紀版ラス・カサスとして「悔恨」をふまえた実証的な訴状の作成をめざしたわけではない。一九世紀の曾祖父イザーク・ストロースの芸術的感性と「書物の文化」とをみずからの「構造」へと変換させつつその可能性を伝播の受け手としてひらいた彼は、なにより二〇世紀の民族学者であった。主体の同一性を頼みとしながら「歴史」の罪を弾劾してみたり、みずからも一個の主体として「世界の現在」に投企《アンガジエ》してみたりする代わりにレヴィ＝ストロースが選びとったのは、「社会」の深部に伏流し、原理的には「社会」と逆方向に向かいさえする「文化」の、その「主体なき合理性」だったとまとめることは許されるだろうか。たとえば、神と人間の垂直的な関係性を前提とする供犠の体系に代えて、人間の社会を自然のうちへと水平的に統合していくトーテム分類の体系に注目することによって。あるいは、人間が有限者としての自己を否認するために築きあげる「社会」に代えて、人間が当の有限性を背負ったうえで築きあげていく「文化」に注目することによって(渡辺二〇一九：一六四、一九二)。

V　南方の澱

「カトリック両王時代のユダヤ人・マラーノの苦難が、クリストファー・コロンブスを西廻り航海に向かわせた」[40]──フリッツ・ハイマンの遺著『死か洗礼か』の再発見に触発されてマラーノ史を独自に追究した小岸昭によれば、一四九二年スペインのユダヤ教徒追放令と新世界発見は、史実として不可分の関係にあった。コロンブスが大西洋西廻り航海への支援を得るためイサベル女王に謁見したのは一四八六年だが、国内では当時、新キリスト教徒つまりマラーノを標的とした暴動が激化し、八〇年にはセビーリャで初の異端審問所が設置されていた。コロンブスは六年後の九二年、王室から第一回航海の協約を得るのだが、正式承認までこれほどの時を要したのは、王国にとってグラナダ攻略が最優先の急務であり、外洋航海などに財と労力を費すべきではないという意見が、王直属の諮問委員会で当初は大勢を占めていたからだった。

それにもかかわらず、彼の提案が最後は承認される運びとなった背景には、一三九一年にセビーリャで生じた先述の反ユダヤ暴動以降、国内での生存権をしだいに狭められていくマラーノの焦燥感、および未知の新天地に移住することへの彼らの熱望があったと小岸は推定する。(41) じっさい、航海の是非を判定する諮問委員会委員五名のうち四名までがマラーノで、遠征航海を可能にする資金の調達には、アラゴン王国経理官の要職に就くマラーノや、一四世紀以来イベリア半島の海洋交易を牽引してきた彼の故郷ジェノバのユダヤ系商人による支援があった。しかも、彼が航海の協約締結にこぎつける四月一七日は、ユダヤ教徒追放令の発布からわずか一七日後であり、国外脱出で港に押し寄せるユダヤ教徒の大群衆に混じってコロンブスの率いる船団が出帆したのも、法が定めるユダヤ教徒出国期限のじつに数時間後のことだった。

従来の歴史研究では、これらの事実との関連で、コロンブス自身がアラゴン出身のマラーノの家系を母方にもつ人物だったとの指摘もなされてきた。加えて、インディアスの破壊を糾弾し、当地に理想的な信仰・労働共同体を建設する夢をいだいた先のドミニコ会士ラス・カサス——彼はコロンブス第一回航海日誌の編纂者でもある——もまた、セビーリャ及びセゴビア出身のマラーノの家系を父方にたどる人物だったとの指摘もみられる。ただ、ラス・カサスはいうまでもなくコロンブスにしても、生前の著述によるかぎり信仰厚き旧教徒を自任していたことに間違いはなく、いずれの説も有力視されてはいるものの、史資料上の決定的な確証はいまだ得られていないという[42]。ユダヤ教徒の弾圧・追放から異端審問へと国家が向かい、人によっては社会的生と内的生との背反した二重性を生きざるをえない状況が生じていた以上、この種の史料が現在も痕跡としてさえ見いだしがたいことはとりたてて不自然ではあるまい。一六世紀スペインを生きたあれこれの個人の家系を精査する視線は、それゆえある意味では、異端審問の視線にも重なってこざるをえないだろう。むしろここで留意されるべきは、背反する二重の生をことによれば生きていたかもしれない諸個人の出自記録に宿る、ほかでもないこの不分明さ、不透明さのほうであり、また、マラーノとしての生と新世界での生とがどこかで交叉するように直感してきた、史的想像力の持続性でこそないだろうか。

新世界というタブラ・ラサに理想の社会を一から建設できればと願う一六世紀の想像力に、宗門の別はなかった。王権を背景とするカトリック陣営では、立案者がマラーノであろうがなかろうが、暴力なき信仰と労働の共同体を建設しようとする切迫した社会実験の諸計画が、ラス・カサス以後も一五三〇年代まで断続して持ち上がった。奴隷狩りからのインディオ救済をめざし、モアの『ユートピア』描くところの社会像をいまや明確な模範にして建設された当時の村落では、エンコミエンダの否定とまではいかない教会の指導下であれ、土地が住民の共有財とされ、倉庫の余剰物資も必要に応じて全員に分配することがめざされていたという(増田 一九八九:二一五―二一九)。これとはべつに、インディオとの共住を射程に入れない夢であれば、旧教徒であれ改革派であれ、信仰の立て直しをかけた新世界への移動は一様に生じていた。宗門対立に発する暴力への恐怖から解かれた場に一種のアジールを見いだし、そこに自派だけの、あるいは新旧両派の共和からなる新たな教会組織を再建しようとする夢は、テヴェやレリーが加わったあのブラジル入植計画にかぎらず、とくに一六世紀フランスでは新世界への入植が立案されるたびに表明される傾向があった。

この点について、時間と空間の視野をある程度広げてみよう。一六世紀西欧にとっての「新世界」にかぎらず、南北両アメリカの近現代史で何らかの理想的な社会空間が建設された事例であれば、イカリアやオナイダのような小規模共同体の実験が一九世紀以降も数多つづくとしても、一八世紀におけるその巨大な帰結が、オクシデントの外部で初めて主権国家の承認をえたアメリカ合衆国の建国だったという捉え方もできるだろう。

おなじ視点に照らせば、コロンブスやラス・カサスがたとえマラーノに血筋をたどる個人であったとしても、カトリックの一元化と海外の領土拡張を同時にめざす国家の動向に「旧教徒」として参画し、インディオに対する倫理観は正反対であれ、領土化に寄与する国家のエージェントとして生きたかぎりで、じつのところふたりの生はいずれも、マラーノと新世界をつなぐ想像力の核心にはふれていなかったように思われる。マラーノは二重の生を影として生きるのだから、国家の新たな領土化に寄与する公式の生を演じきることもできなくはなかったが、むしろ二重性を負うがゆえに領土の同一性から追い立てられ、あるいは領土の同一性をみずから脱して、領土化とは正反対のベクトルでいずれ「無主地」へと吹き寄せられていくその移動が、想像力の次元にかぎらず現実にも、新大陸の歴史に刻まれてきたように思われるからである。カリブ海域の島々で、地図上の空白地を占拠しながら、またあらゆる人種を鷹揚に受け容れながら一六世紀以降に叢生するあの海賊ユートピアのように、領土化と脱領土化という正反対のベクトルがつかのま交叉する瞬間は、植民地主義の陰に身をひそめてなされたあらゆる移動の目的地で起こりえたとしても。

＊

一五世紀末から再離散したマラーノの足跡をたどる先の小岸は、みずからが専攻するドイツ文学研究、ことにトーマス・マンの作品研究にとって、「南方性」の視点がもたらす思わぬ意義を見いだしていた。ドイツの知性・良識を代表するヒューマニストとされてきたトーマス・マンは、ユダヤ系作家ではない。ただし、彼の母はこれまで「ブラジル出身の女性」というだけで注目されてこなかったところ、ブラジル定着以前の彼女の祖先はポルトガル農民であったという記録があり、さらに母の一族の祖地がスペインであったこと、また母の旧姓は、一五世紀末の追放令にともないスペインからポルトガルへ、さらにポルトガルからハンブルクやアムステルダム、あるいは南方のブラジルへと離散していったマラーノに特徴的な姓であることに小岸は注目する。これらの傍証のみで、マンの母方におけるマラーノ出自を断定することはむろんできないし、マンが実母についてふれた数少ないテクストでも、若干の暗示的な表現をのぞいて、その出自が語られることはついになかった。しかしマンの作品には、実母の出自をさりげなく移し換えたような印象的な登場人物がたしかに認められる。表向きの「北方的・市民的」なものと、自己の内奥にひそむ「スペイン的・異国的」なものとのあいだで引き裂かれた生の主題が、こうしてマンの作品の根底を流れていたのだとすれば、彼の文学世界に潜在する「南方的視点」を、従来の研究は見落としてきたことになる。トーマス・マンが、母方祖先のはるかな記憶を下降することで、マラーノの「原質的暗部」をかりに文学の流儀で継承していたとすれば、「マラーノではない人間の個人的な問題意識のなかで形成された「マラーノ意識」は、「書く」という詩人本来の仕事と関連している」のではないか。小岸は、西欧の一作家を例にとった「南方的視点」の奥行について、そのように問うていた（小岸 一九九六：二五一―二七五)。

したがっておそらくは、個別の血筋がこのさい問題となるわけではない。トーマス・マンとも、あるいはモンテーニュとも同じように、つまりはマラーノに遠い出自をたどるかもしれない子孫のひとりが「ユダヤ人ではない」ように、二重の生の構えを痕跡としてさえ負わなかったかのようにみえるレヴィ＝ストロースもまた、当の二重性が社会に示そうとしてきた規範に従って、「ユダヤ系知識人ではなかった」と考えてみよう。両親のいずれも、信仰という過去の遺物とは無縁であったという挿話を示す彼は、じっさい一九八〇年代半ばに意を決してイスラエルを初訪問した際も、「自分の根源と肉体的な接触を持つということは恐るべき経験であるはず」なのに、「イスラエルにいる間、私は、一瞬たりとも、自分の根源に触れたという印象を持たなかった」と述懐する(レヴィ＝ストロース＋エリボン 一九九一:二八〇)。ならば、小岸がマンの作品研究をめぐって提起した問いにならって、「ユダヤ系」であろうがなかろうが民族学者の生そのものにつきまとう二重性——自社会でのわたしと異社会でのわたし——をめぐる認識が、「見つめる」という民族学者の行為、そしてとくにレヴィ＝ストロースの場合はブラジルというフィールドの「南方的視点」と、いかに関連していたかを問うことはできないか。いっときの気まぐれというのでなければまたなぜ、一六世紀ブラジル入植団に加わったテヴェとレリーの宗門に、晩年のレヴィ゠ストロースはあれほどこだわったのだろう。彼にとっての南方性がもはや家族史に埋め込まれた暗部としてのそれではなく、二重の生の構えも「ユダヤ的」ですらないとすれば。

＊

「クロアタンへ去りぬ」――アメリカのアナキズム著述家ハキム・ベイは、イギリスによる初の北米入植地、ロワノウク・コロニー消滅の謎について、みずからの霊感をたよりにその「真相」をかつてこう説いていた。あるとき入植地から住民の姿が忽然と消え、「クロアタンへ去りぬ」という謎のメッセージだけが残されていたという史実について、私たちが学校で習う教科書には「インディアンが無防備の植民者を虐殺した」ことが仄めかされるばかりで、その後じっさいに提出された「灰色の眼をしたインディアンたち」という報告は伝説にすぎないと片付けられてきた。だがじつは、メッセージに残された「クロアタン」とは、入植地の近隣で暮らしていた友好的な先住民の民族名である。ロワノウクの人びとは、明らかにみずからの意志で入植地を離れ、その民族に丸ごと吸収されていったのだ。新世界初のイギリス植民地で暮らす住民は、つまりインディアンとなった。教会や農場労働や文字や税金の奴隷として生きることのおぞましい苦痛を彼らは脱し、帝国との契約を破棄するドロップ・アウトの道を選びとったに違いないのだと（ベイ 二〇一九：二二四―二三八）。

アメリカ大陸の植民地史をたどれば、似たような「同化」現象は事実としても確認されることだろうが(43)、アナキストの感性が呼び寄せるこの物語には、どこか得体の知れない喚起力が宿っている。他者理解が可能であるか否かという哲学の関門など軽々と飛び越えて、いまここでみずから他者になってしまうこと。ただし、人類学者としての自覚を多少とも持つ人間は、「現地に溶け込む」などという表現をめったなことでは口にしない。見つめる者はまた見つめられている。他者と「溶けあう」、「同一化する」など見果てぬ夢にすぎないことを、人類学者はだれより確信してきたはずなのだから。レヴィ＝ストロースもまた、民族学者とはどの土地へ行こうが自分のところにいる感覚をもはや持てなくなった慢性の故郷喪失者のことであり、だからこそ、ひとは誰かから教わるまえに、みずから民族学者である自己を見いだしていくのだとかつて語っていた（レヴィ＝ストロース 二〇〇一a：八〇）。「南方」に生きる野生の他者であれ、彼にとっては、同一化の夢を備給する表象とはなりえなかったはずなのだ。

＊

バルガス＝リョサが一九八七年に発表した小説『密林の語り部』にふれているうちに、二〇世紀の古典『悲しき熱帯』のあれこれの挿話がふと物語と交錯するような感覚を、これまでどれほどの読み手がいだいてきたことだろうか。

バルガス＝リョサ自身とおぼしき「私」の大学時代の友サウル・スターラスは、ある時期まで、国土にかかるアマゾンの密林で先住民を対象とした大学調査団に——専門的な関心というより自己の内面的な関心から——加わった民族学徒である。サウルと先住民をとりまく社会の状況には、一九五八年のアマゾン小旅行における著者バルガス＝リョサの実体験をふまえた、いわばペルー版「悲しき熱帯」の陰翳も色濃く映しだされている。友サウルは、顔の右半分に大きな痣のあるユダヤ系の——正しくは「ユダヤ教徒がキリスト教徒と結婚」して生まれたコンベルソの——ペルー人だった。周囲の人間にたいして如才なくふるまい、自己の怒りも苦悩も表に出さない彼は、しかし先住民の伝統文化に息づく「古代的で反歴史的」な価値の話題となると、やにわに熱を帯びて語りはじめる友人だった。マルクスなりマリアテギなりの社会主義を忠実に継承すれば、アマゾンの未開部族もいずれペルー文明に包摂されるだろうといった甘美な言説の夢にも、サウルは耳を貸そうとしない。だから、「君は柔軟性のないインディヘニスタだよ［…］ペルーの最後のインディヘニスタがユダヤ人であるなんて、滑稽だぜ」と揶揄すると、「少数派の文化が存在していく権利を守るのに、ユダヤ人以上にふさわしい人間は、ほかにいないよ」と彼が言い返してきたような記憶が、私にはおぼろにあった。

その後サウルは、学位論文まで提出した民族学の研究を突如打ち切り、シオニズムの「移住《アリヤー》」にならって「イスラエルへ行く」とだけ言い残し、いっさいの消息を絶つ。だが、それから四半世紀の時を経た一九八〇年代の私は、旧知の研究者から、顔の右半分に大きな痣のある白い肌の語り部に密林の村で出くわした話を聞いて、慄然とする。部族の過去を記憶し未来を予言しながら、集落から集落へと渡り歩いては、「物語を語るという単純で非常に古い技術」の力で聴衆の魂を魅了する伝統的な語り部たちの存在を、先住民はこれまで部外者にかたく秘匿してきた。インディオとユダヤの祖先とを「迫害される少数者」という姿のうちで重ねあわせてきた友サウルは、つまり民族学をやめて、自分が他者に、インディオになったのだ。放浪の歩みをけっして止めずに生きてきたインディオの内側にあって、さらに人目につかぬ放浪を独りでつづけ、各地に離散した民族をふたたび一個の共同体として繫ぎあわせる語り部としての生をサウルは選んだ。さながら、ある時期のモンテーニュが、真理の存在を否定して懐疑する行為そのものに一種の確信を見いだしたように、慢性の故郷喪失状態そのものをいわばひとつの故郷へと窯変させ、その喪失との確信しうる同一化をとげることによって。

「［…彼は］自分の国のユダヤ人やキリスト教徒のなかにいるときよりも、集団に溶け込んで受け入れられていることだろう。ウルバンバ川上流に行き、生まれ変わり、サウルは自分だけの先鋭的な移住《アリヤー》を行なった［…］つまり、彼は、コンベルソから語り部に転生した［…］」（バルガス＝リョサ 二〇一一：三三二―三三三、傍点引用者）

南北両アメリカ文学史という広大な脈絡のもとで、小説『密林の語り部』の意義と位置づけについて再考した西成彦は、「ユダヤ人」という表象のもつ特権的な機能をバルガス＝リョサがこの作品で効果的に用いたと考える（西 二〇一三）。密林へ消えたサウルの父が、「ロシアかポーランド訛り」のスペイン語を話し、ユダヤ教への信仰を隠さない人物だったとする作中の表現から、サウルの父はイディッシュ語の訛りをもつ東欧ユダヤ人社会からの――つまりセファルディではなくアシュケナージからの――移入者だったことを、まず西は確認する。作品の舞台ペルーは、アルゼンチン、チリ、ブラジルなどに比べれば、東欧ユダヤ人社会の規模も小さいが、比較の範囲を北アメリカにまで拡げれば、文学史における『密林の語り部』の位置もそれだけ明確にあらわれてくる。たとえばアメリカ合衆国には、一九世紀後半から一九二〇年代にかけて東欧ユダヤ人による移住熱が持続した結果、WASPを中心とする社会の支配層と、アフリカ系・先住民系をはじめとする被抑圧者層とのはざまに身を置く「ユダヤ系アメリカ人」の自己表象が、文学作品にもたらされていた。アメリカ合衆国にかぎらず、階層性をおびたこの種の表象連関のもとで、「東欧ユダヤ人のアメリカへの同化は、かならずしもアメリカ諸国のマジョリティへの同化という形をとるわけでは」なかった。たとえば、あるユダヤ系移民がアメリカ先住民の族長に仕立てあげられるという未完の物語『ピープル族』を遺してユダヤ系作家マラマッドが――奇しくも『密林の語り部』刊行前年に――他界し、当時のマラマッドが意識していた可能性のあるカフカにさえ、「インディアンになりたい気持ち」と題する初期短篇があったように、ユダヤ系の登場人物がアメリカ先住民になろうとする筋立てそのものが「ユダヤ人」としての自己の同一性を保障してしまうという物語の構造が、そこには埋め込まれてきた。いいかえれば、『密林の語り部』よりはるか以前から、アメリカ大陸という空間は、「「ユダヤ人」という存在様式がそのような形で「先住民族」の表象と接合するトポス」として存在していたことになる。ただし、その表象連関はひとつの神話であることを西があわせて明記している点は、ひときわ重要である。(44) 定型的な表象へのこうした凭れかかりは、けっしてユダヤ系作家の独擅場でなかったし、非ユダヤ系作家による偏向したユダヤ人観の投影でもなかった。

「それは、ユダヤ民族とアメリカ先住民族が相似だという認識の定型化ではない。アメリカ先住民族の運命のなかに、ユダヤ人（それはケルト人であってもいい）こそが自分たちの運命を見てしまうのであり、かりにそのユダヤ人がユダヤ教を放棄したとしても、アメリカ先住民の追いつめられた運命に、みずからを写し取ったとたん、彼はそこに「ユダヤ人」以外の何ものでもない自分を見てしまうのだ［…『密林の語り部』に登場する］夏季言語学研究所のキリスト教徒たちには、何年かかってもたどりつけそうになかったアメリカ先住民への接近法［…］」（西 二〇一三：一四五―一四六）

新世界というこの格別の空間で「インディアン／インディオ」の表象に自己以外の何ものでもない姿を見てしまうのは、そして「ユダヤ人」や「ケルト人」だけでもなかっただろう。海の向こうの旧世界で追いつめられはじき出された人間が、二〇世紀にいたるまで途切れることなく吹き寄せられてきたこの「対蹠地《アンティポッド》」には、ユートピアやディストピアの夢想を旧世界にかねて備給してきた先住民の社会が、それより以前に、そしてある時代までは確実に存在していた。たとえば、レヴィ゠ストロースが本書九二年講演で目をとめる一六世紀のフランス人現地「通詞」にしても、彼らはさしあたり「ユダヤ人」ではないし、グワナバラ湾沿岸のトゥピナンバも「放浪するインディオ」ではなかった。通詞のなかには、本国への帰還をとげて『エセー』の著者の話相手になった者もたしかにいただろうが、流離のはてにもうひとつの世界へと吹き寄せられた彼らのなかにも、あの夢の訪いに身をまかせて消息を絶つ者がいなかったとはかぎらない。「もし、「インディアンになりたい」と望む人が誰でも、それを自己命名の行為によって成し遂げることができるとしたら、どのようなクロアタンへの出発が起こるかを想像してみるといい」(ベイ前掲書：二三四)。

インディアンになるという、この「形態なき形態を切望する感情」(同：二三六)の周囲につどう多彩な表象群のうち、かりに「アマゾンのインディオ」と「ユダヤ人」の間だけに特別な節合が見いだせるとすれば、それは『密林の語り部』の著者が双方の声に仮託してくりかえし物語るように、自己の定めと世界の破局を感受しながら、生の存続を懸けてなおも両者が続行するノマディスムそしてディアスポラにあったというほかないだろう。

「彼らはいつでも私たちがいるところに来る［…］彼らがやってくるたびに、一体、何度、出ていかなければならなかったことだろう。だが、おそらく生まれる前からそうだったのだ［…］私たちはいつもだれかが現れるたびに出ていった。どんなに多くのところで暮らしたことか。憶えられないくらい、いろいろな場所に行った［…］しかし、それは悪いことだろうか？　いや、決して悪いことではない。というのは、それが運命だからだ、タスリンチ。私たちは放浪する者ではないだろうか？」（バルガス＝リョサ 前掲書：一八九）

「ビラコチャは、それまで暮らしてきた森から彼らを追放した。出ていけ。失せろ。［…］彼らは山のなかを歩かなければならなかった。世界の川や沼地や谷で、到着し、ふたたび出発していく［…］少数で邪魔にならなければ、種を播き、狩りをし、魚を釣る場所をあけてくれる村もあった［…］しかし、いつも最後には破局がきた。大雨や干魃など、何か禍いが起こると、人々は彼らを憎みはじめた。《おまえたちのせいだ》と、人々は言った。《出ていけ》［…］」（同：二九八—三〇〇）

「インディアンになる」という魅惑の夢または喩の魅惑。新世界の住人と一度だけじかにふれあったとき、人為にいささかも汚されていない彼らが思うがまま語った言葉を深く記憶に刻むモンテーニュは、そのとき他者を「内側から」見つめるために、法服を脱ぎ捨てて「食人種へと変身した」のだと直観する研究者がいたことはすでにふれた。おもえばラ・ボエシもまた、盟友モンテーニュに宛てたラテン詩の一節で、自国の内戦を嘆き新世界で生きなおしたいとの願望を伝えていた。(45) しかも、レヴィ＝ストロースでさえ――ルソー主義を宣言した六〇年代前半に比べれば、他者への「同一化」という喩をその後はずっと慎重に取り扱ってきたはずでありながら――、『ブラジル旅行記』の著者と同書の民族誌的価値を讃える晩年のテクストにおいて、ジャン・ド・レリーの偉業の秘密は、「彼がインディアンになりきった」（Lévi-Strauss 1994: 11）ことにあると語っていた。「～になりきる《se mettre dans la peau de ～》」というフランス語の慣用表現は、日本語に直訳すれば「～の皮膚のなかに身を置く」である。喩は夢の内実を克明に明かしていたのだろうか。

とはいえ、レヴィ＝ストロースはあくまで民族学者であり、ことに構造主義者である以上、他者への「同化」にまつわる思想上の対応は、「インディアンになる」という喩の散発的な使用とは厳密に分けて考えなければならないほど重大なポイントになる。すでに述べたように、彼は他者への同化の可否をさぐる以前に、自己を自己自身と同化することの拒否から人類学的思考を出発させていた。レヴィ＝ストロースのいう「構造」では、その構造を探究しようとする人類学者に「自己」という主体の同一性は措定されない。「私」であったはずのその場には、ただ他者たちの声が行き交うばかりであり、それら異質な声の往来に明け渡された「私」の場は、それ自体として空無である。この空無へ向けて、たとえば公理としての神話をもたらす他者の声とは、感性のあとに理性が加わるのではなく当の感性のうちにはじめから理性が内包されているしかたで双方が結合した思考、すなわち野生の思考を送りとどける声でもある。

空虚な「私」に主体としての同一性が措定されないのは、もとより野生の思考に、身体の明確な界面に画された個々人としての「他者」の同一性など存在しないからであった。そのかわりこの思考には、世界との交感をうながす人間の感性と、その感性の内部ですでに構造化されている理性とが近づきうるかぎりでの他者、人間にかぎらないその他者たちの声が倍音のこだまとして共鳴している。野生の光学に照らせば、逆に人間だけからなる「社会」を世界の一角で自閉的に囲いこみ、その囲いのなかで生じたかぎりでの変動を諸「主体」の「歴史」としか見ることのできない思考こそが、認識上の錯認の所産であったことになるだろう。これをいっそう精確にいいかえれば、空虚でありながら外へむけて惜しみなく開放された「私」の場で響きあう声とは、錯認の結果として実体化されたあれこれの個人、人間的他者の声というより、人間をふくめたあらゆる他者を介してそのさらに向こう側から届けられる「世界」それ自体の声にひとしい。主体の同一性なるものを非合理なまでに信仰する西欧社会から遠く離れたフィールドは、それゆえレヴィ＝ストロースにとって、「インディアンになる」ための場ではなく、彼らとの交感をつうじて、人間と社会を外側から大きく包摂する「世界」と、その「世界」への扉としてひらかれた野生の思考とを想像しうる、特権的な場になったといえば言いすぎになるだろうか。『裸の人』から先に引用した「宇宙に内在する、主体なき合理性」という問題含みの表現も、この意味での「世界」の別名であったと理解すれば、超越の措定とは異なるイメージでその「無」をかろうじて受け容れることもできるだろう。

排除された第三項を埋めもどすこと。「自己でありかつ他者であることはありえない」という排中律のもとで排除され、時に「超越」ともみなされてきた第三項が、じつは「自己/他者」の分離・対立を指し示すスラッシュそのものであったとすれば、両者の分離はいかなる「外」の超越も正当化するものではなく、逆にスラッシュとしての分有という事態が、自己と他者の分節=節合を同一の平面で成り立たせてきたことになる。他者との間に印されたこのスラッシュは、自己の際限のない拡張運動にとっての暫定的なフロンティアなど意味していないどころか、他者と共に在ることとの分有関係を刻んできた。他者との隔たりを真に架橋するのが、自己と他者をまたぐ意味の共通性などではなく、両者は異なるという事態そのものの分有以外ではありえないと、西谷修にならって理解することによって(西谷 二〇二三:五四—五五)。

レヴィ＝ストロースの構造主義も、この点にかぎっては分有の思考と同じく、「インディアンになる」夢がもとより不可能であること、そして西欧とアメリカが分岐しながら通いあう「不可能な双子」であることを共存在の倫理として確認したうえで、野生の思考をそれでもなお「内側」から生きなおそうとする試みであった。共存在の倫理は、夢の断念をいちど経由しているからこそ、あらかじめ失われたその夢が、ときに散発的な喩として表出してしまうのかもしれないし、他者の思考を内側から生きなおすとはいえ、以上述べてきた思考の次元をふまえるかぎり、無信仰者としてのレヴィ＝ストロースと四百年後の新世界との接近遭遇は、「ユダヤ人」を「アメリカ先住民」に節合させてきたあの表象連関の定型にけっして凭れかかってはいなかったことになる。

しかし他方において、これまでたびたび留意してきたように、人間の生に映しだされる二重性の問いは問いそのものの原理として、そのように単純な理解を寄せつけがたい特性を帯びる。構造主義の核心を、野生の思考とそこからひらかれる「世界」の合理性にむけた探究とみなすかぎり、そもそも主体の同一性など前提としないこの開かれた空虚な場で、「ユダヤ人」やら「インディアン」やらを取り沙汰すること自体が無意味なふるまいになることはたしかであろう。しかし、だからといって「ユダヤ系知識人」としての彼の生が「無信仰者」である彼とのあいだで二重に生きられてきた可能性への想像力を断ち切ってしまえば、それこそ彼の思想を「安く見積もる」結果に終わりはしないか。

レヴィ＝ストロースが歴史を否認しているとこれまで時に言われてきたのは、主体の同一性を絶対的な所与として信仰する近代の社会認識と歴史語りを、構造主義が徹底して否認してきたからであった。もっぱら人間の「主体」たちから構成される「社会」を、独自の語用における「世界」に向けた視野のうちで可能なかぎり開放し、相対化する行為を通じて、彼は、同時代の西欧「社会」や国際「社会」に流通する近視眼的な人間観へのラディカルな批判的介入を——場合によっては強い政治性さえ帯びたコミットメントを——図ってきた。彼の生に刻まれていたかもしれない二重性の一半が見えにくくなっているとすれば、おそらくそれは、構造主義における「世界」が「社会」を包摂し、その結果として「社会」の相対的な位置づけを図らずも後退させてしまった、その論理の構図と関係している。しかも、レヴィ＝ストロースが民族学者として現に赴いたフィールドは、「被抑圧者」というすぐれて「社会」に属する記号のもとで内なる他者と外なる他者とを節合させてきた、あの特権的なトポスとしてのアメリカ、四百年後の新世界であった。

＊

若き日のレヴィ＝ストロースが、ふいに舞いこんだブラジル渡航の誘いを承けて民族学の道を志すにいたった経緯のなかにも、その生における二重性はすでに刻まれていたといえるのかもしれない。たとえば渡辺は、渡航前夜の一九三〇年代前半にレヴィ＝ストロースが『社会主義学生』誌上で発表した論評のうち、とくにポール・ニザン『アデン・アラビア』の書評文（三一年）と、ジャック・ヴィオ『白人の降架』の書評文（三三年）をめぐる思想形成上の意義について、両書評の全文を訳出しながら注目する。

前者の書評でレヴィ＝ストロースは、「ある日、彼自身にもはっきりとした理由もなく、偶然提示された勤め口を受け入れて、フランスを離れる」ニザンが旅の目的地アデンで出会うのは、自分がそこから離れてきたはずの「世界の呪い」、すなわち資本主義の体制以外の何物でもなかった。旅を終えたニザンは、こうしてラディカルな人間主義による解決、つまり革命家としての道に踏み出していくのだが、じつのところその人間主義こそが問題の解決には大きな制約となりかねないことに評者レヴィ＝ストロースは注意をうながす。革命の精神を空虚なものとせず、革命の具体的な実現を見通すには、ひとえに人間の真の経験といえる「自然の問題」を、思考に呼び戻さなければならない。それにもかかわらず、なぜニザンは異郷の場で、人間どうしの似通った問題などでなく、異なる世界との出会いに目を向けようとしなかったのか。ニザンの旅の価値とはだから、「アデンから帰還したことではなく、そこに行ったことにある」と評者は厳しく判じていた。『社会主義学生』

への最後の寄稿となったヴィオの書評でも、今日の革命派に欠けているのはモラルの体系であり、それを確立するには「人間の価値を定義する根本的な活動」すなわち「自然との支配的な接触」に向かう以外にないとレヴィ＝ストロースは訴えていた（渡辺二〇一九：六二―八七）。

じっさいニザンは、民族学に関心をもちはじめたレヴィ＝ストロースを当時激励していた人物であるのだし、ヴィオの『白人の降架』も、「旅は不快なものだ」という一文からはじまる破格の紀行文であることが書評で紹介されるあたりには、書評者がやがて著者として発表する『悲しき熱帯』を連想させずにいないところがある。

ただ、思想形成のこれら純粋な要因とはべつに、たとえば評伝作家ロワイエは、当時のレヴィ＝ストロースがフランス社会からの「出口」を求めていたという現実的な視点から、ブラジル渡航にいたるいくつかの背景を紹介する。民族学という選択肢は、西欧という空間からの脱出を端的に意味する点で、彼やニザンにかぎらず当時の若き哲学徒には、たしかに魅力的に映る扉のひとつであった。ただ、同時代の知の閉塞とは異なる次元で、急にふってわいたブラジル渡航の話がレヴィ＝ストロース個人にとり、職業上の大きな好機となったこともたしかである。毎年おなじ講義を繰り返すだけのリセ教諭の仕事に、彼は早くから辟易しはじめていた一方で、当時のアグレジェたちは、地方のリセからパリへの転任がかなえられたとしても、それまでに一〇年以上の歳月を要するような状況におかれていた。しかもレヴィ＝ストロースは、社会主義の活動に熱中するあまりエコール・ノルマルの受験を中途で断念していたせいで、現状のままでは中等教育から高等教育へのキャリア・アップの可能性にはかなり厳しいものがあった。

そうしたなかでの民族学という選択肢には、既存の制度に対する彼のささやかな抵抗と、新たな制度から得られるものへの賭けが含まれていた。社会を考察対象とするこの新参の学を専攻すれば、中等教育から高等教育への道も開けてくること、しかもデュルケム、モース、レヴィ＝ブリュルらを擁する自国フランスにかぎらず、ドイツやアメリカでも、社会諸科学の創始者にあたる群像のうちにはユダヤ系知識人の強力な存在感がみいだせることなどをふまえたうえで、後年の彼も現にこのように説明していたのだと——「一九世紀のユダヤ人の社会的上昇は、社会諸科学が完全なディシプリンとして確立していく過程と符合しています。つまりそこには、部分的な空隙としての——生態学的な意味でいう——〝ニッチ〟が存在していて、新参者もさほど苛酷な競争に直面することなく、そこに身を置くことができたのです」（Loyer 2015: 117-121）。

レヴィ＝ストロースの赴いた「南方」が、フランスによる一六世紀の入植計画地のひとつ、ブラジルであったことの偶然は、四百年後の新世界を「再訪」する想像力にとって、またとない支えになったというほかない。そこは、レリーによる最初期の貴重な民族誌的記録が残された「フィールド」であるうえに、モンテーニュが書物を通さずにかろうじて一度ふれた「新世界」でもあったのだから。とりわけトゥピの村々を「再訪」するときの心象風景について、『悲しき熱帯』の書き手に生じた筆致の昂ぶりは、これまで多くの読み手に強い印象をあたえてきたことだろう。

「[…]これらのインディオが、アマゾン河の中流および下流の大トゥピ族の最後の後裔である可能性は大いにある[…]海岸地方のトゥピ族の栄えていたころ彼らに巡り会った一六―一七世紀の旅行家たちの手記が、近代の民族学的覚醒の基になったのである。なぜなら、ルネサンスの政治・道徳思想が、フランス大革命にまで至るはずの道を辿ることになったのも、彼らの意図しない影響のもとにおいてであったのだから。まだ汚染されていないトゥピの村に恐らく初めて入って行くことは、四百年を隔てて、レリーやシュターデンやソアレス・デ・ソーザやテヴェと、そしてモンテーニュとさえも再び落ち合うことになるのだ。モンテーニュは、その『エセー』の中の食人種の章で、ルーアンで出逢ったトゥピ・インディオと交わした会話について考察を廻らしているのである。何という誘惑であろう！」（レヴィ＝ストロース 二〇〇一b：二六七―二六八 表記一部変

更）

ブラジル渡航の話が最初にもちあがった時点から、「対蹠地」という一六世紀の言葉のもつ喚起力につよく感応してきた彼は、マット・グロッソのフィールドでナンビクワラの首長制に直接ふれる際にも、モンテーニュの訪れをふたたび迎え入れている。

「一五六〇年頃、モンテーニュがルーアンの町で、或る航海者が連れ帰った三人のブラジルのインディオに出逢った時、モンテーニュはインディオの一人に、お前の国では首長（モンテーニュは王と言った）の特権は何なのか、と尋ねている［…］モンテーニュはこの話を、『エセー』の中の有名な一章で物語り、この誇りに満ちた定義に驚きの目を瞠っている。しかし私にとっては、四世紀後に、全く同じ答えを聞いたということの方がさらに大きな驚きであった。文明化された国は、その政治哲学において、これほどの持続を示しはしない！」（同：二二二）

彼は後年の『遠近の回想』でも、最初にフィールドワークをしたときには、「一六世紀の最初の航海者たちの冒険旅行をいま自分が再現して」おり、「私もまた自分の新世界を発見したのだ」と思えるような「強い知的興奮」の状態にあったと語る。そして、「心底から旧世界の人間」である自分が、ふとした偶然で手がけたアメリカ研究を以後も続けることになった最大の理由とは、「他のどの大陸を研究対象にしようとも、これほど想像力を要求されるところはない」からであり、「一五世紀、一六世紀の新世界発見者たちにとってと同じように、アメリカ大陸は相変わらず別の惑星のようなものなのです」とも言い添えていた（レヴィ＝ストロース＋エリボン 一九九一：四四、一〇八—一一〇）。

先にもふれたレリーに関する晩年のテクストでは、新世界「再訪」をめぐる同様の感慨の延長で、レヴィ＝ストロースはいささか看過しがたい想いを洩らしている。いわく、現地研究者の計らいで一六世紀にヴィルガニョンが入植拠点としたあのグワナバラ湾を訪れたとき、私は自分がレリーよりこのかた、この地を初めて再訪し、彼が歩んだはずの土地をふたたび自分の足で踏みしめた最初の人間ではないかと思ったものである。自分のような民族学者にとっては座右の書にひとしい『ブラジル旅行記』のおかげで、フランスから一万キロも離れた場所の、それも四百年前の証言にふれられるという現実を、いったいひとは想像できるだろうか。まるでそれは妖術のようなものではないか。レリーを読めば、ひとは二〇世紀から身を離し、「超現実」とでも呼びたくなるものに触れることができるからだ。シュルレアリストのまねをして言っているのではない。自分が証言できる現実よりもはるかに現実的な現実という意味でそう呼びたくなる経験を、レリーとの対話からひとは得ることができるのだから。しかも、このようなことを言えば思い上がりに受けとられるかもしれないが、この著作にかぎらず、レリーと私とは、ある暗黙の示し合わせで結ばれているとの印象を、私はこれまでの生涯すべてを通じて感じてきた。最初から気づいていたこと。でもその想いは、時をへるごとに深まっていくばかりである。たとえばレリーは二二、三歳でブラジルに旅立った。私も二六歳でブラジルに向かった。『ブラジル旅行記』刊行まで、レリーには一八年が必要だった。私も『悲しき熱帯』の執筆まで一五年かかった。いったいそのあいだ、私たちふたりに何があったのか。レリーは内戦の時を生き、リヨンやシャリテ＝スュル＝ロワールの暴動、サンセールの包囲をくぐり抜けて一書を世に出した。そして私も大戦の時を生き、新教徒レリーと同じく社会からの迫害の手を逃れたすえにあの本を書けたのだと（Lévi-Strauss 1994: 12-13）。

重い一言である。彼は問われでもしなければ、ユダヤ関連のこうした話題にみずからふれることがほとんどなかっただけに、この言葉はひときわ重く感じられる。くりかえせば、レリーとのこうした生の符合について彼は、これまでの「生涯すべてを通じて」想いを深めてきたと言うのである。

「一体、これが旅というものなのだろうか？　私を取り巻いていたものよりも、私の記憶の荒れ野を探るということが？」（レヴィ＝ストロース 二〇〇一b：三五七―三五八）

四百年後の新世界「再訪」を実現した昂ぶりのさなか、このとき旅という主題が『悲しき熱帯』に固有といえる記憶の奥行をたたえて現前してくるだろう。一般に旅は空間の移動と思われているが、じつのところ時間の移動も意味していた。旧世界から新世界への旅人は、広大な空間を越えるばかりか、それと知らず時間を逆戻りしてもいた。いま熱帯にいることを旅人に示すのは、それゆえエキゾチックな植物ではなく、建造物のあれこれの細部や、特定の生活様式などから仄かに立ちのぼる「時代遅れなもの」（レヴィ＝ストロース 二〇〇一a：一三九）――先述の「マルティニックのラム酒」もこの内に含まれよう――だとレヴィ＝ストロースはいう。だが同時に、あの「一四九二年」から四世紀の時が過ぎ去ったからこそ、旅はもはや、熱帯のみずみずしい香気ではなく、異常な発達をとげた西洋「文明」の腐臭に覆われてしまった。文明からの逃避のつもりで旅に出たとしても、旅はもはや、われわれが行使してきた歴史の最も不幸な姿、「人類の顔に投げつけられたわれわれの汚物」を、呪われた鏡の表面から旅人に送り返すばかりである。そして『悲しき熱帯』の著者は宣告するのだ、「もう打つべき手はあるまい」と（同：四六―四八）。

しかし、おそらくは諦観と悔恨を越えたその先にこそ、革命家と人類学者を、ニザンとレヴィ＝ストロースを、あるいは後者の生における一九三〇年代以前と以後を分かつ決定的な相違があった。いや正しくは、同時代の哲学の閉塞に破孔をうがつもうひとつの哲学と、指針にすべきモラルを欠いた社会主義をその外部から刷新するもうひとつの革命的意志とをあわせもつ分岐点が、諦観と悔恨の先には控えていたはずである。レヴィ＝ストロースがみずから形容する彼自身の「記憶の荒れ野」、あるいは『悲しき熱帯』で語られたこととあえて語られなかったこと。たとえば一九八〇年の彼は、『ヌーヴェル・オプセルヴァトゥール』誌掲載のインタヴューで、ヴェルサイユの公立小学校時代からパリのリセ時代にいたるまで、自分が時に「醜いユダヤ人《サル・ジュイフ》」呼ばわりをされてきたつらい記憶をたぐりよせながら、この種の攻撃が個人の実存と知にもたらす結果について、じつに繊細な注釈をほどこしていた。

「自分がその不可欠な一部を構成しているとばかり思っていた共同体が、じつは自分を否定しているのだということに突然気づかされたひとりの若者は、社会の現実を、自分がそう感じているような内側からも、そしてひとが自分をそこに置くような外側からも、同時に考えるよう強いられるために、当の現実からある程度の距離をとるようになりうるのです」

つまりこの場合の個人史によるかぎり、反ユダヤ主義の修羅は、「ユダヤ人」なる攻撃対象の同一性ばかりか、二重の生の構えに鋭く縫いあわされた人類学者の批判精神まで、それと知らず培養していたことになるだろう。(46)

ブラジルへの旅立ちから『悲しき熱帯』刊行までに過ぎ去ってしまったレヴィ＝ストロースの一五年間とは、大戦勃発による動員とマジノ線における所属部隊の敗走、南仏での動員解除といったフランス国内での生の翻弄にくわえ、亡命者ですし詰め状態の船で向かった三五年のブラジル渡航、三七年の一時帰国、サンパウロでの教員任期を終えた三九年の帰国、四一年のニューヨーク亡命、パリ解放後四五年の一時帰国、そして戦後四七年の最終的な帰国にいたるまで、まさに「トランス・アトランティック・ノマド」(渡辺 二〇一九：九一―九三)とでも呼びうる激動の歳月だった。晩年の彼が当時の自己の生を、一六世紀フランス宗教戦争の戦火を逃げまどったひとりの新教徒の一八年間と重ねあわせたのも、けだし無理からぬことであろう。その意味では、本書九二年講演で人類学者がつよい対照を施したテヴェとレリーの宗門の違いには、当日の聴衆への配慮や、レリーの著述が現に卓越していた事実にとどまらない、講演者のある特別な思いがひそんでいたといえば、深読みになるだろうか。いずれにせよレヴィ＝ストロースの思想は、強いられた生の遍歴を経ることではじめて深化をとげたといえる内容を、メッセージの本質的な次元で具えている。記憶の荒れ野をたどりなおす『悲しき熱帯』の衝迫力は、それゆえある意味で、南方への旅立ちの一五年後にしか生誕しえなかった。

それればかりではない。『悲しき熱帯』以後に構造主義者が彫琢していく論理の内部にも、南方での経験がかつて旅人に引き寄せていた記憶の荒れ野、すなわち彼個人の私的な来歴に刻まれた記憶と、同時代一九三〇年代に全体主義へと帰結してしまった西欧近代「一四九二年」の記憶とが、交叉しながら埋め込まれていた。二重性を帯びざるをえない生の構えをいやましに深めていくかのように、「自己」の同一性を自己自身に対してまず拒絶したうえで、空虚な場となったその「私」をあらゆる他者の声が響きあう場として明け渡すこと。いいかえれば「私がインディアンになる」のとは完全に異質なしかたで他者を「内側から」生きなおすこと、誰とは見分けることのできないそれら声たちの向こうに広がる「世界」または主体なき合理性のノマディスムに身をまかせること、そうして起源とはおよそ無縁な共時的「構造」のたえざる変換の運動にまなざしを集中させていくこと。

この種の独自な理論化から逆説的にも浮かびあがってくるのはだから、みずからのいう主体なき「世界」のうちで原理的に失効する主体ではなく、人種的な本質を共有するという没歴史的な客体でもむろんなく、ひとえに人間だけからなる「社会」全体に「文明の腐臭」が蔓延していく長期持続の末端に置かれた、史的実存としての「ユダヤ系知識人」、いやむしろひとりの亡命者の生の姿ではなかったか。トルコに亡命したドイツ人エーリッヒ・アウエルバッハによる引用を、アメリカ合衆国でくらすパレスティナ人エドワード・サイードが再引用し、フランス在住のブルガリア人ツヴェタン・トドロフが今またそれを再引用してみせた一二世紀の神学者ユーグ・ド・サン＝ヴィクトワールの箴言は、「社会」の表層的変化から一線を画した「構造」の思考にも思わぬしかたで、そして絶えることなく伏流してきたのかもしれない——「自分の祖国を麗しいと思っている人はなお未熟な青二才である。どのような国でも自分の国だと感じることのできる人は、すでに強靭な魂をもっている。だが、完璧な人間はただ一人、その人にとって世界全体が異邦であるような人である」（トドロフ 一九八六：三四六—三四七）。

「もう打つべき手はあるまい」——レヴィ＝ストロースはそう断言しながらも、悔恨と諦観をこえてただひとつ、最後に残された可能性として、これまで新世界に流れ着いた数知れない亡命者たちとおなじく、行った先の新世界で理想的な「社会」の範型を見いだそうとする。ただしそれは、旧世界の暴力と抑圧から遠く離れた南方で、同志とともにアジールとしてのユートピアを建設する夢でもなければ、ただちに「インディアンになる」ことで「私」は「私」のまま他者の同一性へと退行的に溶けていく夢でもない。そうではなく、自己であったはずの場所を他者たちの声に明け渡すことで、はじめてそれを明確に想起し、また再始動することができるかもしれない――「われわれ」自身のうちにも眠っているはずの――真の「社会的」生の存続、自然的世界のうちで野生の思考を生きるその「社会」の範型を、レヴィ＝ストロースは見いだそうとしたはずである。

「人間はいつも到る所で同じ対象に向かって働きかけては同じことを企て、そして人間の生成の過程で手段だけが異なっていた［…］進歩の熱狂的な信奉者たちは、彼らがそこから目を逸らすまいとしている狭い畝を外れたそちこちに人類が蓄積してきた膨大な富を［…］無視するという破目に陥る。過去になされた努力の重要さを低く評価する結果、達成すべく残されている努力の一切を貶めるのである。生きられる社会を作るという一つの仕事にしか人間の努力が向けられていなかったとすれば、遠い祖先を動かした力は、われわれのうちにも相変わらず存在している。何も手は打たれていず、われわれには、すべてをまた始めることが可能だ。かつて為されたがうまく行かなかったものは遣り直すことができる［…］最も惨めな部族のうちに、まぎれもなく認められるわれわれ自身の姿［…］をわれわれ自身に向かって明らかにすること［…］何千年来人間が成

功したのは自分自身を繰り返すことでしかなかった［…］」（レヴィ＝ストロース 二〇〇一b：三八七―三八八）

「遠い祖先を動かした力」に今また息吹を吹き込むといっても、むろんそれは原初への単純な回帰、プリミティヴィスムの素朴な表明にはあたらない。レヴィ＝ストロースがこの点で理論上の参照点としたのが、ルソーの「自然人」すなわち新石器時代人の社会モデルであったことはすでに述べた。本書九二年講演でも、彼が「良き野蛮人」との関連で一度だけその名を口にしたディドロには（本書一〇一頁）、じつはルソーとの対比できわめて否定的なニュアンスが込められている。「自然人」というルソーの理念型は、社会以前の状態を意味してなどいなかったのだから、人為の汚穢をすべて除去した自然状態を無批判に賛美するディドロの発想とは原理的に相容れない。「秩序をもたらす者に気を許すな」とディドロは叫ぶが、人間があれば言語があり、言語があれば社会がある以上、そうした発想は馬鹿げているとレヴィ＝ストロースは断じていた（同：三八〇―三八二）。新石器時代人とは、それがすでに人間の「社会」を構成していながら、人間だけのものとして「主体」や「歴史」を囲いこまない神話論理のもとで生きる人間集団の理念型であるからこそ、理性をすでに内包させた感性の力で「世界」と交感する彼らの思考を社会的生として内側から生きなおし学びなおすことによって、「われわれ」にも再起に向けた可能性がかろうじて与えられることになる。

生きられる社会をつくるというただそのことだけに人間はみずからの生を献げてきたのだから、「われわれには、すべてをまた始めることが可能だ。かつて為されたがうまく行かなかったものは遺り直すことができる」と彼はいう。なるほど、たとえばマルセル・モースの思考が今日いかに再改釈されようとも、彼の社会主義は同時代のアナキズムに属してなどいなかったことを確言できるのとほぼ同じ理由から、若き日のレヴィ＝ストロースについて、彼はアナキストであったなどとみなす解釈も論外にひとしい。とはいえ、「われわれ」の社会の再生に賭けられた一九五五年のこの一言には、おそくとも第二次大戦前夜までにいちどは暗転して壊滅したのち、良くも悪くも虚無主義と手を切ることで世紀後半に——構造主義さえ現に吸収しながら——再生をとげた戦後アナキズム思想(47)の一準則を想わせるところがないだろうか。

レヴィ＝ストロースが、あの六八年五月の運動に苦々しさばかりを抱いて、論評を避けていた事実をいまは問うまい。構造主義が想定する「世界」のうちでひとたび後退した「社会」の問題系を、おなじ構造主義の理論のレヴェルで「世界」と安易に接続させるふるまいは、厳に避ける必要もあるだろう。ただ、構造主義は一箇の理論であり分析手法であるだけでなく、人間存在とそのきたるべき倫理に宛てられた思想であることもまちがいない。彼がルソーをふまえて理念上のモデルとした「自然人」の近似形とは新石器時代人であり、それ以前の「自然状態」における言語なき存在者の群れを意味しない。いいかえれば、「本源的蓄積《プリミティヴ》」はもちろんのこと、同一性への信仰のはるかな派生系にあたる「国家」も、そして自然との交感とは異質な人間分類をうながす教条的な「宗教」も「宗門」もけっして出現しない、それは野生の社会像である。

これに対し、一四九二年よりこのかた汚物と腐臭を世界に放散してきただけの「われわれ」でさえ、もし野生の社会を内側から生きなおし、やりなおす可能性がわずかに残されているとすれば、それは硬直した社会主義のめざす政治革命でないどころか、社会の再組織化をめぐる錆びついた社会革命の工学ともおよそ無縁なもうひとつの社会革命、いわば「今ここで」のアナキカルな認識実践になるものと、ひとりの読み手は受けとめてもよいだろうか。レヴィ＝ストロースが本書三七年講演の時点から思考の射程に入れはじめていた課題への回答とは、若き日の彼が求めた「社会主義文明のモラル」に代わる、その意味ですぐれて民族学的な「革命的意志」の表明であったように思われる。

二〇世紀の「最もみじめな部族のうちにまぎれもなく認められるわれわれ自身の姿を、われわれ自身にむけて明らかにすること」——このような思いを旅人にあたえる南方とは、つまるところレヴィ＝ストロースにとっていかなる土地だったのだろう。本書のタイトル『モンテーニュからモンテーニュへ』が暗示するように、晩年の彼が「モンテーニュへの回帰」をとげるはるか以前から、ブラジル調査期の旅人の心象には、先に引用したとおりモンテーニュのテクストとまなざしがいつにもまして明白に回帰していた。新世界への空間移動が四世紀の時の遡行も意味していたかぎりで、自他の認識をめぐる二〇世紀の問いは、その祖型としての一六世紀または「一四九二年」の問いと、南方の地でたしかな交叉をみせていた。一六世紀の隠遁者モンテーニュにも通底する二重の生の構えは、ある歴史の所産としての実存に人類学的な距離の見識をさずける一方で、過ぎ去った時の記憶について語りえぬ何ごとかを、南方の異郷で不意によみがえらせることになった。マルティニックのラム酒には残されていたあの香気、「文明」の名で浸食的に蒸留されてしまう人間の文化本来の香気、あるいは言葉の透明さをもってしても濾過しきれない無の沈黙、モンテーニュやレリーとの黙せる対話、それらいっさいを含めた澱のような何ごとかを、南方は旅人の記憶にふたたび深く挿し入れたのではないだろうか。いずれにせよ、父方のレヴィ家と曾祖父イザーク・ストロースの子であるかぎり、南方への旅はかれひとりの旅ではありえなかった。

「人間が数千年の時をかけてなしえたのは、同じことの繰り返しでしかない」――とりわけ構造主義の根底にひそむモンテーニュの澱とは、人間に関する問題を解決することは当面の課題たりえず、人間それ自身の位置づけを問題としてとらえることのみが課題たりうるということ、そしてそうであるからこそ、もっぱら偶然の作用で展開してきた人類の過去を「歴史」の名のもとで理性によって秩序だてようとしても意味はないこと、そのふたつの判断であった。二重の生の構えという史的所産を自分もまた背負わねばならないとしても、人間の生を「世界」に位置づけようとする神話の論理構造に近づくうえではいっさいの信仰を引き継がないという姿勢を、ふたつの判断はレヴィ＝ストロースに方向づけたように思われる。あらゆる信仰から身を離すこと、強固な信仰のなかでもとくに主体の同一性にまつわるいっさいの信仰を停止し、あるいは宙づりにすること。レヴィ＝ストロースの姿勢をモンテーニュの修辞であえて翻訳すれば、つまるところそれは、自分以外のものに身を捧げる行為によって何らかの絶対を自己に導き入れようとする人間の欲動は抑止されるべきであること、そしてそのような信念は人間をつねに自己の外へと押し出してしまう以上、人間は思考を停止しないかぎり信じることはできないという逆説(48)へと繫がれていたように思われる。

註

（1）フランスとベルギーにおける非共産党系の社会主義思想では、マルセル・デアとアンリ（ヘンドリック）・ド・マンが当時の理論的支柱となっていた。ルフランら学生活動家に働きかけてGESを立ち上げたのはデアであり、『社会主義学生』誌は、ド・マンとベルギー労働党の後援により一九二六年に創刊された（Loyer 2015: 78）。デアやド・マンをはじめとする戦間期のネオ社会主義的潮流については、ドンズロ 二〇二〇：一七六―一七九を参照。

（2）レヴィ＝ストロースは、『悲しき熱帯』の一章「どのようにして人は民族学者になるか」で自己の来歴を語っているが、そこでは哲学から民族学へという知のメタモルフォーズが話題の中心であり、社会主義活動家であった過去との関連づけはなされない。

（3）「一九三二年には、C・G・Tは、近隣諸国の大手労働組合組織よりはるかに遅れて、労働者教育の系統的な努力にとりかかった［…］パリでは、「労働者高等研究所」が、高等教育の正統的機関として知られている。地方では、「コレージュ・デュ・トラヴァイユ」が、後期中等教育をほどこしている。勤務を終えた労働者や事務員たちが、その生徒として夜間に自分の余暇や睡眠をきりつめて講義を受けにやってくるのである。一九三九年には、四〇〇〇人の勤労学生を数えている」（ルフラン一九七四：八九―九〇）。

（4）「［…］人類学の用語としては、文化という言葉は［…］私はタイラーの定義を暗唱できるぐらいなのですが、それほどに人類学者にとっては重要な定義なのです。「知識、信仰、技術、道徳、法、習慣、その他、人間が社会の一員として獲得したすべての能力・慣習」、それが文化というものです」(レヴィ＝ストロース＋エリボン 一九九一：二九五)。

(5) このこととの関連で一点付言すれば、本書九二年講演で彼がモンテーニュへのオマージュを献げるさいに、機能主義の「システム」と構造主義の「構造」とを、相互に置換可能な概念であるかのごとく語っている点には、かすかな驚きを禁じえない。「[…] 彼はこの一節で、いってみれば現代の機能主義、さらには構造主義さえ予告しているからです。[…] つまり、ある民族の諸慣習は、一箇の全体をなしていて、そのなかのひとつの慣習を [...] 批判すれば、それ以外の全体が崩れるのであって、そのとき文化は、安定と進歩を保持するかわりに崩壊してしまうからです」(本書一〇四—一〇五頁)。

(6) レヴィ＝ストロース 二〇一九a：六四、九〇。なお、本文で引用したカッコ内のフランス語原語は、それぞれ «perspective»、«écart différentiel» である (Lévi-Strauss 1973: 401, 417)。これまで訳者は、「遠近法」の訳語がふさわしい文脈でレヴィ＝ストロースが記す «perspective» を、他者にまつわるすぐれてモンテーニュ的な問いの圏域に彼が踏みこもうとする際の、一種の合図として受けとめてきた。

(7) この点について注目されるのは、同一の言語・文化系統に属する民族グループの境界線を伝播の現象が乗り越えていくとき、提携の多様性はいうまでもなく上昇するという発想であろう。レヴィ＝ストロースはのちの神話研究で、伝播する神話はこの種の境界線を越え出たところから変換の潜勢力を急激に取りもどし、神話論理としての飛躍をとげていく現象を発見した。起源から遠ざかるにつれて伝播の力がしだいに弱まるものと考えた古典的伝播主義の同心円的な空間モデルでは、この現象を説明できない（Da Cunha 2012: 25-28）。

（8）おなじ意味での偶然性が、『悲しき熱帯』ではある重要な価値判断を添えて言及されていた。「ルソーが、人類は「未開状態の無為と、われわれの自尊心の手に負えない活動との丁度中間」を保った方が、われわれの幸福のためにはよかったかもしれないと言ったのは、恐らく正しかったのであろう。そしてまた、この状態は「人間にとって最善のもの」であり、人類をそこから引き出すためには、「何らかの忌わしい偶然」がなければならなかった、と考えたことも」（レヴィ＝ストロース 二〇〇一b：三八四―三八五、一部改訳）。

（9）《primitif》の日本語訳が、もし現在のように「未開」として定着していなかったならば、これを「原初的」「本源的」などとして、偏った価値判断を回避しつつ翻訳するほうが適切な手立てだったはずである。とはいえ、そもそも西欧の《primitive/primitif》からして、語源に照らせばすでに「順序」の含意を帯びていたように、日本語の「未開」にせよ「原初的」「本源的」にせよ、二〇世紀前半の人類学がこの言葉を理論化する際に障害とみなしてきた「時間」の含意は、そこからどうしても拭いきれない。

（10）「ブラジルに出発する前後の二十代のレヴィ＝ストロースをやや詳しく振り返ることで、同時代の自分の世界へのある違和感と、ブラジルで出会った人々へのある共感を、構造主義以前の構造主義の感覚として確認すること［…］共感に満ちた無理解は、理解できないことへの絶望や苛立ち、理解する試みの放棄、あるいは共感とは異なった愛憎や好悪には逸脱することのない、それらとは異質な関係の経験であり、そうした関係を維持することへの意志ではないだろうか」(渡辺 二〇一九：二五六)。

(11) ただし、モンテーニュがこの処世術を独力で思い到ったとはいいきれない。「[…] モンテーニュの生来の相対主義も、束の間のピュロン主義も、破壊的な懐疑主義をもたらすことはない。むしろそれとは反対に、彼は、そうした相対主義や懐疑論を活用して、実践的思考を支えてきた伝統的な土台を補強することとなった [...] ピュロンは、国の法律に従うことを拒みましたよと、ある人がいったとしよう。するとモンテーニュは、「そんなことは理解できませんね。それはピュロン主義ではないですよ。既成の秩序をすなおに受け入れるからこそ、それだけピュロン主義者のわけですから」と答えるはずだ [...] 古典古代の流儀で哲学することと、伝統に則って信仰することという二つの要求を、[...] 古典古代の哲学者たちと歩調を合わせて、ルネサンス人にとっての絶対的な使命であったわけだが、そのためにはうまく両立させることが、つまるところ、理性では結論は導けないのであるからと決めて、ならば、啓示にその余地を空けておいてやることにするのが、都合がよかったのである [...]」(ヴィレー 二〇一〇：三四一―三四三)。

(12) メルロ゠ポンティ 一九七〇：七四―七五。なお、「習慣について」で実践されたように、たがいに矛盾する証例を次々と挙げていくモンテーニュの論法にも、古代ギリシアに類似の思考が認められる。「[…] 古代後期の哲学者セクストゥス・エンピリクス [...] は、『ピュロン主義概説』[...] の著者であった [...] 彼は懐疑主義の基本的原理を、「あらゆる命題に対してそれと同等の命題を対置させる」ものとして、しかも二つの命題のあいだにあって判断を留保するものとして定義する。[…]

もちろん人間は、永遠に留保した状態のなかでは生きてはいけない。セクストゥスは、実際には「自分の国の慣習や法律や制度に従った生活」をすることを勧める。彼が反対するのは、独断主義に対してであり、自分たちの慣習や考え方が正しく、ほかのものは間違っていると信じて疑わないことに対してである［…］セクストゥス［…］は、言説をある言説と対置させたように、慣習もある慣習と対置させ、その結果、判断を留保した［…］」（バーク 二〇〇一：二三一—二五、八三—八四）。

(13) レヴィ＝ストロースはこの箇所で、「あらゆる野蛮な習俗のうちでも、恐らくわれわれに最も恐怖と嫌悪を感じさせる」食人慣習を、非西洋の観察者の目にはこれと同じぐらい野蛮に映るであろう「われわれに固有の習俗」すなわち司法・懲役制度の事例と対比させる。対比の一方には、脅威となる力をもつとされる人間の体を食うことが、その力を無効にしたり活用したりするための唯一の方法だと信じる社会がある。もう一方には、脅威となる個人をもはや他の人間と接触させないよう、専用の施設へ一時的または恒久的に隔離して、社会体の外部に放逐する手段を採用した社会がある。われわれが未開と呼ぶ社会の人びとは、犯罪に対する処罰が社会との絆を断ち切ることで示されねばならないといった残忍な発想など持ちあわせていない。「人食い《アントロポファジー》」ならぬ「人吐き《アントロペミー》」とでも呼びうるわれわれの習俗は、野蛮の最たる証しとして、彼らに深い戦慄を与えずにいないだろう。いずれにせよ、「われわれの遣り方における不条理の極致は［…］われわれの同類の幾人かを食ってしまうよりはむしろ、彼らを肉体的精神的にまともな人間ではないと看做すことを選んだために、われわれが偉大な精神的進歩を遂げたと思い込んでいる、ということである」（レヴィ＝ストロース 二〇〇一b：三七八）。このとき彼があえて選びとった食人の事例といい、読み手に強い印象をあたえる対比的な事例呈示の手法といい、さらには、野生への相対的な評価を示しつつも対比の最終結果については過度の方向づけを抑制するその筆致といい、このときのレヴィ＝ストロースが、世紀をまたぐ間テクストのいかなるたわむれを生きていたのか、それを想像することへの誘惑には抗いがたいところがある。本書九二年講演でも引用されるとおり、「野蛮人たちが、われわれにとって不思議だとしても、それはわれわれが、彼らにとって不思議なのと同様のことにすぎない」（本書一〇〇頁）とモンテーニュは記していた。

(14) 構造主義をこのように理解する視点を、訳者はかねて渡辺公三の卓越した考察から学んできた。「読者が読まれたとおり、わたしは構造主義が何でないかを示すために、何度か「同一性」という補助線を引くことを試みてきた。その当初は、レヴィ＝ストロース自身がこれほど明確に「同一性」の観念を構造主義の視点に対置していることを知らなかったということを告白しておかなければならない。レヴィ＝ストロースの構造主義は、近現代人の見果てぬ夢としての「同一性」という不幸への明晰な判断を内に含んでいたのだ」（渡辺 一九九六：三〇七）。

(15)「人間が自己に関しては、肉体の部分においても、精神の部分においても自己認識に達していないことを証明するには、これで十分であろう。われわれは人間を人間自身に提示することで、また理性を理性自身に提示することで、理性がなにを語るのかを確かめようとしたのだ。理性がいかに自分を理解していないのかは、以上で十分明らかにされたように思う。自分を理解していない者を、どうやって理解すればいいというのか」（モンテーニュ 二〇一〇：二二四）。

(16)「主の裁きは深遠なり」という詩篇の一節を書斎に掲げながらも、『エセー』の章によっては「宗教という、とんでもないぺてん」(モンテーニュ 二〇〇五：一八〇)とまで書き記したこの変転やまぬ「自己」の著述を、ローマ・カトリック教会が禁書目録に加えるには、一世紀ちかい時を要した。

(17)「[…]永遠の夜という果てしない流れのなかの、一瞬のきらめきでしかないこの瞬間から、われわれの永遠にして自然な状態のなかの、ほんのつかの間の中断から、「存在」などという肩書きを引き出せるはずもないではないか。その瞬間の前も後も、すべて死が占めているのだし、この瞬間のかなりの部分だって、死で占められているのだ」(モンテーニュ 二〇一〇：一五八)。

「われわれは、過去も未来も、この果てしなく長い歳月は、神からすると一瞬にすぎない[…]などという。しかし、口ではそういっても、われわれの頭は、これを少しも理解していない[…]自分の重さとはあまりにかけ離れたものであるのに、それを自分の天秤に乗せて、計ろうと考える」(同：一六二)。

「[…]唯一の存在者であるところの神について、「あった」とか、「あるだろう」とか語るのは、罪あることではないだろうか。なぜならば、そのような表現は、永続できないもの、存在のうちにとどまることのできないものについて、その変貌、移行、転変を示すのであるから」(同：二九四)。

(18)モンテーニュ 二〇一〇：一一七に引用された、ルクレティウス『事物の本性について』(四：四六九—四七〇)の言葉。

(19)「私は以前から現在にいたるまで、私個人の同一性の実感をもったことがありません。私というものは、何かが起きる場所のように私自身には思えますが、「私が」どうするとか「私を」こうするとかいうことはありません。私たちの各自が、ものごとの起こる交叉点のようなものです。交叉点とはまったく受身の性質のもので、何かがそこに起こるだけです」（レヴィ＝ストロース 一九九六：二、一部改訳）。

「［…］動物たちはおたがいに話を交わしていないとでもいうのか。彼らはちゃんとわれわれに話しているのだし、われわれも彼らに話している［…］これまであれこれと述べてきたけれど、それはなぜかといえば、人間のことがらについても類似性が見られることを明らかにして、われわれ人間を、生き物全体の世界に引き戻し、そこに加えてやりたいからだ。人間は、残りの生き物よりも上でもなければ、下でもない」（モンテーニュ 二〇一〇：四三、四五）。

(20)「「新世界」の発見がその後に「旧世界」の哲学的・政治的・宗教的観念にもたらそうとしていた大変動を十分に理解し、それを告げ知らせるすべを持ちえた者は、モンテーニュをおいて誰ひとりいなかった［…新世界の］発見は、つねにわれわれの考察の糧となっている観念の起源であり、モンテーニュの手で初めて提起された哲学的問題の起源でもあるが、彼ありせばこその起源である［…］モンテーニュが『エセー』でなしたほどの深さ、明晰さでこの問題を分析しえた者は、この四世紀のあいだ誰ひとりいなかったのである」（レヴィ＝ストロース 二〇一九b：一三三、一三八）。

(21) 宗教戦争の前史にあたる、いわゆる檄文事件が国内各地で発生したのは、一五三四年一〇月だった。

(22) トドロフ 一九八六：六九。トドロフはここで、コロン第一次航海日誌の以下の箇所を引証する。「一四九二年というこの年、（中略）モール人との戦いに終止符をお打ちになって、（中略）その同じ月、（中略）私ことクリストーバル・コロンを両陛下は前述したインディアスと呼ばれる地方へ派遣なさろうと思し召されました。（中略）そこで、すべての国土ならびに領土からユダヤ人を追放なさって後、両陛下はこの一月、私にたいし、十分なる船隊をひきいて、前記のインディアス地方に赴くようお命じになったのであります」。

(23) 一六世紀スペイン史をめぐる本節以下の記述は、松森奈津子の綿密な専門研究（松森 二〇〇九）に多くを負っている。

(24) 二宮 一九八二：五一六―五一七。なお『人種と歴史』には、提携の範囲をオクシデント全体に拡げた次の指摘もみられる。「ルネサンス初期のヨーロッパはきわめて多様な影響がまじりあう出会いの場であった。すなわちギリシャ、ローマ、ゲルマン、アングロ＝サクソンの諸伝統と、さらにアラブと中国の影響である［…］ヨーロッパの土地で相互に豊饒化していた諸文化は、数万年の深さをもつ分化の生み出した成果だったのに比べると、アメリカに人類が居住するようになってからはまだ新しく、分化するための時間はまだ短く、その文化の構図はなお均質性が高かった［…］アメリカにおける文化の「提携」が、旧世界ほどには相互に差異化されていないパートナー間でなされていたこと［…］」（レヴィ＝ストロース 二〇一九ａ：八六―八七）。

(25) 拷問に対するモンテーニュの強い抵抗感、およびそれが自己自身の身体感覚への関心と結びついていたとみなす興味ぶかい見解については、山上 二〇二二：第四章、および二四六註（11）を参照。

(26) 新旧両世界における暴力の連続性と不連続性について、トドロフとハンケそれぞれが示す以下の見解は、一見正反対であるかのようにみえる。ただ、「一四九二年」のうちにすでに予兆として孕まれていた近代性の一般的な枠組に照らせば、双方の指摘はそれぞれの強調点をたがいに補いあう関係にあったとも考えられる。

「[…]剣を振り回すのは剣を振り回す喜びのためであり、インディオの鼻をそぎ、舌を切り、性器を切り取っても、鼻をそぐ者の心にはわずかの儀礼的精神も存在しない[…]宗教的殺人が生贄だとすれば、虐殺は無神論的殺人である[…]このような暴力は、個人のレベルと国家のレベルとを問わず、それ以降の私たち現代人の過去に枚挙のいとまもないほど数多く見出される[…]私たち一人一人のなかに眠っている野獣たる原始的な本性かというとそうではなく[…]それはまさしく人間的なものであり、近代の到来を告げている[…]スペイン人が発見したことは、本国と植民地との対比、本国と植民地とでは行動を規制する基準が根本的にちがう道徳律の対比そのものである。虐殺はそれにふさわしい枠組みを必要とするのである」(トドロフ 一九八六：二〇〇―二〇一)。

「[…]スペインがユダヤ民族を同化してしまうか、さもなければ追放しようと決意するに到った時の事情に詳しい歴史家の目には、アメリカのインディオに対するスペインの態度は著しく穏かなものに見える。なにしろインディオは今までキリスト教を知らなかった[…]インディオは異端審問が目を光らせるべき対象と見なされることは決してなかった。ラス・カサス、更にはフランシスコ・デ・ビトリアやドミンゴ・デ・ソトが、インディオに対する戦争ということはムーア人やユダヤ人に対する戦争とは全然違うのだと強調したのは、インディオにとってまことに幸運だった。一五世紀末まさにアメリカ征服が始った頃の、ムーア人やユダヤ人に対する聖職者の荒々しい教義や、一般のスペイン人の更に一層荒々しい行為は、新世界でも何が起り得たかを示している」(ハンケ 一九七四：一六三―一六四)。

(27) ただし、元来は理論上の概念にすぎなかった「自然奴隷」を現実のインディオに適用する言説が西欧に出現したのは、それより以前、一五二〇年代のことである(増田 一九八九：一三六、松森二〇〇九：一〇六―一〇七)。

(28) ラス・カサスの野蛮観をめぐる以上の記述は、とくに松森の精密な分析に負っている(松森 二〇〇九：七四―七五、一四四―一六四)。

(29) ラス・カサスのレグラをめぐる以上の記述は、石原の論考、および石原が『簡潔な報告』の新訳刊行に際して本文に添えた周到な訳註を参照(石原 一九八七、ラス・カサス 一九八七：一四註、二四註、二六註、三八註、六三註)。

(30) 一六世紀フランスの新大陸入植史をめぐる本節以下の記述は、『大航海時代叢書』の関連巻に収録された解説論考群に負っている(二宮 一九八二、二宮 一九八七a、二宮 一九八七b、宮下・高橋 一九八七、山本 一九八二)。

(31) Loyer 2015: 133-134、レヴィ=ストロース二〇〇一a：一二七。

(32) ただし、宗教改革期の西欧が旅をつねに軽快に運ばせるものでもなかったことは、彼をも例外とはしなかった。「[…]代表作『世界地誌』[…](1571-75)の中で、テヴェはセビーリャに一夜の宿をとった際、密告によってルター派の疑いをかけられて逮捕され、異端審問官の前に引き立てられた体験を語っている」(二宮 一九八二：五三二)。

(33) 「新教徒は旧教徒を、旧教徒は新教徒を改宗させようとした。生き延びるために働く代りに、彼らは馬鹿げた議論をして何週間も過ごした。最後の晩餐はどう解釈すべきか？ 祝聖のために、水と葡萄酒を混ぜるべきであろうか？　聖餐、洗礼の施行等々が、このもっともらしい神学競技のテーマになった。この神学競技の結果次第で、ヴィルガニョンは改宗したり、元に戻ったりするのだった。論争点に決着をつけてもらうべく、とうとうカルヴァンの意見を求めにヨーロッパに使者を送るまでになった。そのあいだ、軋轢はさらに激化した［…］結局のところ、彼は反新教の側に回り、新教徒に食物を与えないようにしようとした［…］島では、処刑と恐怖政治に怯えて移民団は解体しかけていた。ヴィルガニョンは、或る人たちからは陰謀家、他の人たちからは背教者とみられ［…］とうとう彼の夢を諦めてしまった。コリニー砦は［…］一五六〇年にはポルトガル人の手に落ちた」（レヴィ＝ストロース二〇〇一a：一三二―一三三　表記一部変更）。

(34)「コロンブスは一四九六年にスペインに帰ると、第三回航海の準備をしたが、植民者の募集にひどく手間どった。インディアスが、はじめ喧伝されていたほどすばらしいところでなく、金の産額も期待していたほどではなかったことが一般に知られた上に［…］熱病による多くの死者を出したことに、人々はおじけづいたのである。そこで、コロンブスは、いやいやながら、罪人を加えてなんとか人数をそろえ［…］罪人の中には死刑囚もかなりいた。彼らは、インディアスで二年間開拓に従事すれば放免されることになっていた。もっと軽い罪の者は一年で釈放される予定だった」（増田　一九八九：一一一―一一二）。

(35)『エセー』の書き手は、自分の記憶に間違いがあることをたびたび認めていたが、この出来事については、一五六二年時点のルーアンは、改革派から奪還された直後で、豪奢なイベントなど開催できる状況にはなかったうえ、「食人種」への言及は当時の記録にみられない。シャルル九世は翌六三年八月にもルーアンを訪れているが、やはり「食人種」の言及が当時の記録にないうえに、この夏のモンテーニュはラ・ボエシの臨終をボルドーで看取っていたはずだから、ルーアンへ移動することなど無理だった。モンテーニュとトゥピナンバとの接触は、『エセー』の記述に反し、六五年にシャルル九世が訪問したボルドーでのことだったと推測される。この時の記録には、ブラジルの先住民が市中を行進し、彼らが国王の前を通りすぎる際には、通訳数名が彼らの言葉を王に伝えていた旨が明記されている（Desan 2014: 172-187, Jouanna 2017: 89-91）。

（36）ユダヤ教徒の排斥をめぐる以下の記述は、小岸 一九九六による。

（37）たとえば『エセー』のつぎの一節について、流し読みでもしないかぎり、読み手はこれを信仰厚き言述というよりひとつの戦術的修辞として受けとってきたはずである。「キリスト教は、最高の正義と有用性の、あらゆる特徴をそなえている。だが、そのなかでも、法への服従と政体の維持というものを、厳しく勧告しているのが、なによりも明らかな特徴といえる。神の英知は、このことについて、なんとみごとな手本をわれわれに残してくれたことか——人類の救済を確立し、死と罪に対する、輝かしい勝利へと導くにあたっても、われわれの政治秩序を守りつつ、ことをなされたではないか。そして、かくも崇高にして、霊魂の救済にも関わるところの、みわざと、その成り行きを、われわれ人間の盲目的にして、不正な、規則や慣習に服従させたではないか。こうして神々の愛《め》でし、多数の選ばれた者の汚れなき血を、あれほどにも流させて、人類の救済という、計り知れぬほど貴重な果実が熟するための、長い年月が失われるにまかせたのであった」（モンテーニュ 二〇〇五：一九七）。

（38）モンテーニュの母方の出自をめぐる以上の記述は、Jouanna 2017: 24-25, Desan 2014: 35-45, 602

n. 27による。このうちとくに後者では、『エセー』に母への言及がないことの理由として、おおむねつぎのような視点が表明される。貴族としての身分をたえず顕示しようとしていたモンテーニュにとり、父と結婚するまでの母が新興富裕層の商家で生まれ育った平民であることは、いまだ遠からぬ過去であるだけにあまり都合のよくない事実であったことはたしかである。また彼自身のエイケム家にしても、ボルドーで商人として成功したのち一五世紀後半の曾祖父の代でようやく領地と城館を手に入れた新興貴族であった。そのためか、母および母方の出自にかぎらず、自身の家にまつわる過去百年間のできごとさえ、『エセー』では言及されることがない。父や兄弟については語りながら、それ以前の父方祖先について、彼は沈黙を守っていた。またこれとはべつに、彼の母方がマラーノの一族であることについては、史資料上の確証がいまだ得られてもいない。したがって、『エセー』における母の不在は、宗教上の理由ではなく、社会経済的な理由によるものと考えることが妥当であると。

(39) この点をめぐる以下の記述は、Loyer 2015: 23-46による。

(40) 小岸 一九九六：八五に引用されたハイマンの言葉。マラーノ史に関する本節以下の記述も、小岸 一九九六に負っている。

(41) 新世界への移住が現実的な熱望として生じえた理由について急いで付言すれば、世界誌家らによる当時の著述において、イベリア半島と、インディアスの東端に存在するはずのシパンゴ（日本）島との距離は、非常に短いものとされていた。たとえばコロンブスも、アフリカ西岸沖のカナリア諸島から想像上のシパンゴまでは、カラベラ船で一カ月程度の航路しか見込んでいなかった（増田 一九八九：四二―四五）。

(42) 小岸 一九九六：九〇—九八、染田 一九九〇：一三—一四、増田 一九七四：一九六—一九七。なお、コロンブスには世界の終末が近いとみなす黙示録的なヴィジョンが根づよくあり、彼の西廻り航海の背景にも、終末が到来する以前に、インディアスの富をイェルサレムの聖墓奪還に必要な遠征費用に当てたいとの思いがあった。こうした彼独自の宗教的信念に、たとえば増田は「セム人的な黙示録的雰囲気」を感受する（増田 一九八九：九一—九九）。

(43) たとえばつぎのような過去の挿話は、「他者への開かれ」を主題としたレヴィ＝ストロース『大山猫の物語』へのオマージュの延長線上で示されているだけに、徴候的といえるだろう。「［…］それゆえトゥピナンバは、自ら「白人になることを欲した」のと同じように、白人たちがトゥピナンバになることをも欲した。イエズス会士の手紙は、品性を欠くキリスト教徒たちが、インディオの女性たちと一夫多妻の関係をもつこと、中央広場で敵を殺すこと、儀礼名を授かること、そして人を食べることまでも含めて現地人化《ゴーイング・ネイティヴ》することに関する不満にあふれている」（ヴィヴェイロス・デ・カストロ 二〇一五：一四三 原註一八）。

(44) この点を広義の人類学史に——あるいは先の「狂気の種子」の挿話にも——いくぶん引き寄せて受けとめた場合、たとえば美術史家アビ・ヴァールブルクのいわゆるクロイツリンゲン講演の背景にあったと思われる、ホピ・インディアン経由の傷ましいまでに屈折した自己意識——ヴァールブルク家はセファルディに出自をたどる改宗者の一族だった——のありようも想起される（ヴァールブルク 二〇〇八）。

(45) バーク 二〇〇一：七七—七八。なお、宗教戦争の暴力から逃れるために新世界へ向かった多くの同時代人とはちがって、ラ・ボエシが旧世界にいる時点から「なりたかった」のは、入植者などではなく、ひとえに野生人であったことは疑いえない。「[…]ラ・ボエシのような人物が、アメリカ大陸について書かれたものや、たとえば生地サルラにほど近いボルドーのような港でのうわさ話に関心をもたなかったとは考えられない。もちろん、『自発的隷従論』の構想と執筆に、そのような知識が必要であったわけではないし、それがなくても著者は本論を仕上げられたであろう。だが、自発的隷従についてかくも真摯に問いかけ、災難以前の社会を夢想するこの青年が、「まったく新たな人間」たるアメリカの野生人の肖像——探検家たちがすでに長年にわたって描いてきたものだ——に刺激を受けなかったなどということが、はたしてありうるだろうか。彼ら野生人は、信仰も、王も、法もなしに生きているのであり、この民族にとって、人間には法も君主もなく、各人が自分の主人なのである」(クラストル 二〇一三:二一七—二一八)。

(46) このインタヴューをめぐる記述は、レヴィ=ストロース自身の発言も含め、Fabre 2012: 285 による。

(47)「もはや人類は地球に対する謝罪として自分たちの終わりを考えるべき時に来ている[…]アナキズムは[…]まとまった理論的著作をもっていないし、もつことはないだろう。それは、人間習慣の中に、なかばうもれている状態で、人間の歴史とともに生きて来た思想だからだ[…]近代化に対抗するためには、その近代化から派生した人道主義的な抽象観念をもって対抗するのでは足りない。国家のになう近代に全体としてむきあうような別の場所にたつことが、持久力のある抵抗のために必要である。二十世紀に入ってからうまれた全体主義国家体制のうまれる以前の人間の伝統から、われわれはまなびなおすという道を、新しくさがしだそうという努力が試みられていい」（鶴見 二〇一二：一二、一七、二九。このうち最初の中略箇所以前の言葉は二〇〇三年初出の日刊紙寄稿記事、以下はすべて一九七〇年初出の「方法としてのアナキズム」より）。

（48）メルロ＝ポンティ 一九七〇：七八、八六―八八

Da Cunha, Manuela Carneiro

2012 “Un diffusionnisme structuraliste existe-t-il ?”, *Dans* Philippe Descola (éd.) *Claude Lévi-Strauss, un parcours dans le siècle*. Paris: Odile Jacob, pp. 21–32.

Desan, Philippe

2014 *Montaigne: Une biographie politique*. Paris: Odile Jacob.

Désveaux, Emmanuel & Fabien Lins

2020 “《Claude Lévi-Strauss: de Montaigne à Montaigne》 Entretien d’Emmanuel Désveaux avec Fabien Lins”, *Modernos & Contemporâneos* (*Revista de Filosofia do IFCH da Universidade Estadual de Campinas*), 4 (10): 321–340.

Fabre, Daniel

2012 “D’Isaac Strauss à Claude Lévi-Strauss. Le judaïsme comme culture”, *Dans* Philippe Descola (éd.) *Claude Lévi-Strauss, un parcours dans le siècle*. Paris: Odile Jacob, pp. 267–293.

Jouanna, Arlette

2017 *Montaigne*. Paris: Editions Gallimard.

Keck, Frédéric
2016 "Lévi-Strauss. Biographie définitive (Emmanuelle Loyer: *Lévi-Strauss*)", *Critique*, 834: 909–923.

Lévi-Strauss, Claude
1973［1952］ "Race et Histoire", *Dans* Claude Lévi-Strauss *Anthropologie structurale deux*. Paris: Plon, pp. 377–422.
1994 "Sur Jean de Léry: entretien avec Claude Lévi-Strauss, par Dominique-Antoine Grisoni", *Dans* Jean de Léry, *Histoire d'un voyage faict en la terre du Brésil* (1578, 2e édition 1580, texte établi, présenté et annoté par Frank Lestringant). Paris: Librairie Générale Française, pp. 5–14.

Loyer, Emmanuelle
2015 *Lévi-Strauss*. Paris: Flammarion.

石原保徳
一九八七 「インディアスの「再発見」にむけて――大航海時代の群像」、ラス・カサス『インディアス破壊を弾劾する簡略なる陳述』［石原保徳 訳］現代企画室所収、二〇四―二八一頁。

ヴァールブルク

二〇〇八『蛇儀礼』〔三島憲一 訳〕岩波文庫。
ヴィヴェイロス・デ・カストロ、エドゥアルド
二〇一五『インディオの気まぐれな魂』〔近藤宏・里見龍樹 訳〕水声社。
ヴィレー、ピエール
二〇一〇「レーモン・スボンの弁護――ピュロン主義の危機」、モンテーニュ『エセー 4』〔宮下志朗 訳〕白水社所収、三三七―三四六頁。
エンツェンスベルガー、H・M
一九八七「ラス・カサス あるいは未来への回顧」〔田中克彦 訳〕、ラス・カサス『インディアス破壊を弾劾する簡略なる陳述』〔石原保徳 訳〕現代企画室所収、一七五―二〇三頁。
クラストル、ピエール
二〇一三「自由、災難、名づけえぬ存在」、ラ・ボエシ『自発的隷従論』〔西谷修 監修、山上浩嗣 訳〕ちくま学芸文庫所収、一九一―二二四頁。
グレーバー、デヴィッド
二〇一六『負債論――貨幣と暴力の5000年』〔酒井隆史 監訳〕以文社。
小岸昭
一九九六『スペインを追われたユダヤ人』ちくま学芸文庫。
染田秀藤
一九九〇『ラス・カサス伝――新世界征服の審問者』岩波書店。

鶴見俊輔
二〇一二 『身ぶりとしての抵抗 鶴見俊輔コレクション2』河出文庫。
トドロフ、ツヴェタン
一九八六 『他者の記号学——アメリカ大陸の征服』〔及川馥・大谷尚文・菊地良夫 訳〕法政大学出版局。
ドンズロ、ジャック
二〇二〇 『社会的なものの発明——政治的熱情の凋落をめぐる試論』〔真島一郎 訳〕インスクリプト。
西成彦
二〇一三 「アメリカ大陸は東欧ユダヤ人と先住民が出合う場所——『密林の語り部』試論」『れにくさ：現代文芸論研究室論集（東京大学）』四：一三二—一五〇。
西谷修
一九九七 『離脱と移動——バタイユ・ブランショ・デュラス』せりか書房。
二〇二三 「哲学の転生、または〈分有〉の未来」、西山雄二・柿並良佑 編『ジャン＝リュック・ナンシーの哲学——共同性、意味、世界』読書人、四三—六三頁。
二宮敬
一九八二 「解説」、西本晃二・山本顕一 訳・注『フランスとアメリカ大陸1 大航海時代叢書（第Ⅱ期）19』岩波書店所収、五〇三—五六六頁。

一九八七a　「ジャン・ド・レリー「ブラジル旅行記」解題」、高橋由美子・二宮敬・宮下志朗 訳・注『フランスとアメリカ大陸2　大航海時代叢書（第Ⅱ期）20』岩波書店所収、五一一八頁。
一九八七b　「解説」、高橋由美子・二宮敬・宮下志朗 訳・注『フランスとアメリカ大陸2　大航海時代叢書（第Ⅱ期）20』岩波書店所収、六四三―六八七頁。
バーク、ピーター
二〇〇一　『モンテーニュ』［小笠原弘親・宇羽野明子 訳］晃洋書房。
パス、オクタビオ
一九八八　『クロード・レヴィ＝ストロース』［鼓直・木村榮一 訳］法政大学出版局。
バルガス＝リョサ
二〇一一　『密林の語り部』［西村英一郎 訳］岩波文庫。
ハンケ、L
一九七四　『アリストテレスとアメリカ・インディアン』［佐々木昭夫 訳］岩波新書。
ベイ、ハキム
二〇一九　『T. A. Z.――一時的自律ゾーン、存在論的アナーキー、詩的テロリズム［第2版］』［箕輪裕 訳］インパクト出版会。
増田義郎
一九七四　「「バリャドリ大論戦」までのラス・カサス」、L・ハンケ『アリストテレスとアメリ

一九八九　カ・インディアン』〔佐々木昭夫 訳〕岩波新書所収、一八七―二一〇頁。
松森奈津子
二〇〇九『野蛮から秩序へ――インディアス問題とサラマンカ学派』名古屋大学出版会。
宮下志朗・高橋由美子
一九八七「ロードニエール ル・シャールほか「フロリダへの航海」解題」、高橋由美子・二宮敬・宮下志朗 訳・注『フランスとアメリカ大陸2　大航海時代叢書（第Ⅱ期）20』岩波書店所収、三六九―三九二頁。
メルロ＝ポンティ、M
一九七〇「モンテーニュを読む」〔二宮敬 訳〕、M・メルロ＝ポンティ『シーニュ2』〔竹内芳郎 監訳〕みすず書房所収、七三―九七頁。
モンテーニュ、ミシェル・ド
二〇〇五「習慣について。容認されている法律を安易に変えないことについて」、モンテーニュ『エセー 1』〔宮下志朗 訳〕白水社所収、一七六―二〇五頁。
二〇〇七「人食い人種について」、モンテーニュ『エセー 2』〔宮下志朗 訳〕白水社所収、五九―八六頁。
二〇一〇「レーモン・スボンの弁護」、モンテーニュ『エセー 4』〔宮下志朗 訳〕白水社所収、九―三三五頁。

二〇一四「馬車について」、モンテーニュ『エセー 6』［宮下志朗 訳］白水社所収、二三六―二六七頁。
山上浩嗣
二〇二二『モンテーニュ入門講義』ちくま学芸文庫。
山本顕一
一九八二「アンドレ・テヴェ「南極フランス異聞」解題」、西本晃二・山本顕一 訳・注、二宮敬 解説『フランスとアメリカ大陸1　大航海時代叢書（第Ⅱ期）19』岩波書店所収、一五九―一六三頁。
ラス・カサス
一九八七『インディアス破壊を弾劾する簡略なる陳述』［石原保徳 訳］現代企画室。
一九九五「付論 バルバロについて」、ラス・カサス『インディオは人間か』［染田秀藤 訳］岩波書店所収、三〇七―三二四頁。
二〇一三『インディアスの破壊についての簡潔な報告（改版）』［染田秀藤 訳］岩波文庫。
ルフラン、ジョルジュ
一九七四『フランス労働組合運動史』［谷川稔 訳］白水社。
レヴィ＝ストロース、クロード
一九六九「人類学の創始者ルソー」［塙嘉彦 訳］、山口昌男 編『現代人の思想15　未開と文明』平凡社所収、五六―六八頁。

一九九六　『神話と意味』［大橋保夫 訳］みすず書房。
二〇〇一a　『悲しき熱帯 Ⅰ』［川田順造 訳］中央公論新社（中公クラシックス）。
二〇〇一b　『悲しき熱帯 Ⅱ』［川田順造 訳］中央公論新社（中公クラシックス）。
二〇一〇　『神話論理Ⅳ-2　裸の人2』［吉田禎吾 他訳］みすず書房。
二〇一六　『大山猫の物語』［渡辺公三 監訳、福田素子・泉克典 訳］みすず書房。
二〇一九a　『人種と歴史／人種と文化』［渡辺公三・三保元・福田素子 訳］みすず書房。
二〇一九b　「モンテーニュとアメリカ」クロード・レヴィ＝ストロース『われらみな食人種――レヴィ＝ストロース随想集』［渡辺公三 監訳、泉克典 訳］創元社所収、一三三―一三八頁。
レヴィ＝ストロース＋エリボン
一九九一　『遠近の回想』［竹内信夫 訳］みすず書房。
レリー、ジャン・ド
一九八七　「ブラジル　別名アメリカ　旅行記」、高橋由美子・二宮敬・宮下志朗 訳・注『フランスとアメリカ大陸2　大航海時代叢書（第Ⅱ期）20』岩波書店所収、一九―三六五頁。
渡辺公三
一九九六　『レヴィ＝ストロース――構造』講談社。
二〇一九　『［増補］闘うレヴィ＝ストロース』平凡社ライブラリー。

監訳者あとがき

本書のフランス語版原書は、レヴィ＝ストロースの没後に発見されたふたつの未発表講演録に加え、これを一書に採録する企画を立案したエマニュエル・デヴォーの解題文から構成されている。

当初は未定稿の状態にとどまっていた講演稿二篇のうち、ひとつは故人が民族学を志してまもない一九三七年の、ひとつは晩年一九九二年の記録である。長きにわたるレヴィ＝ストロースの知の歩みに照らせば、それはまったく極小ともいえるふたつの定点にすぎない。じっさい彼の著書すべての刊行は、ふたつの定点のあいだで始まりそして終わっている。しかも本書で再考が求められているのは、モンテーニュとレヴィ＝ストロースの、四〇〇年の時をまたぐ思想的連関でもある。フランス語版にデヴォーの解説は添えられているものの、原書をただそのまま訳しただけでは、とくに専門外の関心から本書を手にとられる日本の読者にたいし、あまりに脈絡を欠いたテクスト呈示となりそうなことが案じられた。そこで熟慮の末、フランス語版には無い、いささか長めの付論を本書に併載したしだいである。

翻訳にあたっては、昼間賢氏が作成した下訳に真島が手を加える態勢で作業を進めた。その間、『エセー』全巻邦訳の偉業をなしとげられた東京大学名誉教授の宮下志朗先生からは、この古典の訳語に関わる貴重なご助言とご教示を賜った。レヴィ＝ストロースが三七年講演で言及した先史学関連の情報については、国立民族学博物館名誉教授の關雄二先生ならびに東京大学教授の西秋良宏先生から、訳語に関する専門的なご教示を賜った。記して心からの謝意を申し上げたい。

筑摩書房の北村善洋氏には、遅滞ばかりがつづく翻訳作業を本当に忍耐強く見守っていただいた。北村氏にも、この場をかりて厚くお礼を申し上げたい。

本書を訳出し付論を執筆する過程で、六年前に急逝された渡辺公三先生のレヴィ＝ストロース読解が、ひとつの思想の根源にひそむ問いの核心をどれほど鋭く切り出していたかを思い知り、あらためて心底からの畏怖をいだいた。立命館大学で開かれた渡辺先生没後二年の追悼講演会に駆けつけてくれた直後やはり不意に旅立ってしまわれた、訳者ふたりの盟友松井純さんも、本書の訳業をしずかに見つめてくれていたにちがいない。渡辺公三先生、松井純氏の御霊前に、本書を謹んで献じたい。

二〇二三年長月

真島一郎

本書は、ちくま学芸文庫のために新たに訳出されたものである。

ちくま学芸文庫

モンテーニュからモンテーニュへ

レヴィ＝ストロース未発表講演録《みはっぴょうこうえんろく》

二〇二四年一月十日　第一刷発行

著　者　クロード・レヴィ＝ストロース
監訳者　真島一郎（まじま・いちろう）
訳　者　昼間　賢（ひるま・けん）
発行者　喜入冬子
発行所　株式会社　筑摩書房
東京都台東区蔵前二―五―三　〒一一一―八七五五
電話番号　〇三―五六八七―二六〇一（代表）
装幀者　安野光雅
印刷所　明和印刷株式会社
製本所　株式会社積信堂

ISBN978-4-480-51102-7 C0139